未来思维

THE FUTURE YOU

Break Through the Fear
and Build the Life You Want

[美] 布莱恩·戴维·约翰逊（Brian David Johnson）/ 著　　岳玉庆 / 译

中信出版集团 | 北京

图书在版编目（CIP）数据

未来思维 /（美）布莱恩·戴维·约翰逊著；岳玉庆译 . -- 北京：中信出版社，2023.9
书名原文：The Future You: Break Through the Fear and Build the Life You Want
ISBN 978-7-5217-5760-6

Ⅰ . ①未… Ⅱ . ①布… ②岳… Ⅲ . ①思维训练 Ⅳ . ① B80

中国国家版本馆 CIP 数据核字（2023）第 097362 号

The Future You: Break Through the Fear and Build the Life You Want by Brian David Johnson
Copyright © 2021 by Brian David Johnson
This edition arranged with DeFiore and Company Literary Management, Inc.
through Andrew Nurnberg Associates International Limited
Simplified Chinese translation copyright © 2023 by CITIC Press Corporation
ALL RIGHTS RESERVED
本书仅限中国大陆地区发行销售

未来思维
著者：　　　［美］布莱恩·戴维·约翰逊
译者：　　　岳玉庆
出版发行：中信出版集团股份有限公司
（北京市朝阳区东三环北路 27 号嘉铭中心　邮编　100020）
承印者：　北京诚信伟业印刷有限公司

开本：880mm×1230mm 1/32　印张：8.5　字数：181 千字
版次：2023 年 9 月第 1 版　印次：2023 年 9 月第 1 次印刷
京权图字：01-2023-3027　书号：ISBN 978-7-5217-5760-6
定价：59.00 元

版权所有·侵权必究
如有印刷、装订问题，本公司负责调换。
服务热线：400-600-8099
投稿邮箱：author@citicpub.com

献给拥抱未来
而不是恐惧未来的你们

目 录

01
PAGE 001

寻找未来的你

一个未来学家为什么要写一本励志书?

02
PAGE 019

关于未来,

你所了解的都是错误的

03
PAGE 043

如何像未来学家一样思考

04
PAGE 087

你对未来的掌控超乎你的想象

05   PAGE 121

选择合适的地点开始未来投射

06   PAGE 169

决定未来的不是技术，而是你自己

07   PAGE 203

我们所有的黑暗之地

08   PAGE 245

向着未来前进

致　谢   PAGE 265

01

寻找未来的你

一个未来学家

为什么要写一本励志书?

两通电话

没有谁一早醒来就在心里想："我需要见未来学家。"只有公司或组织遇到麻烦，需要筹划下一步行动时，才会有人打电话向我求助。

如果你正在阅读本书，我希望你的处境不会太糟糕，但是显而易见，你需要一些关于未来的建议，这些建议可能与你的工作或财务安全有关，也可能与技术、政治或经济方面的焦虑有关。也许，你在为自己与孩子或父母的关系如何发展而担心；也许，你在对未来感到害怕：害怕瘟疫，害怕战争，害怕生病……当然最害怕的是死亡。

我可以给你提供帮助。我无法预测你的未来，但是我可以告诉你我是如何帮助很多人达成所愿的，比如为了实现未来梦想他们需要采取的具体行动，或者至少帮助他们明确前进的方向，以便更好地驾驭未来。

万事开头难。但是你一定能做到，请相信我。虽然不会那么容易，但是我相信你可以做到。

我们都会对未来感到担心，但也仅此而已。想想看，你花了多少时间和精力去担心那些没有发生，甚至可能永远不会发生的事情。如果把所有的精力都用来创造一个积极且长远的未来，情况会怎么样呢？

虽然我很早就开始研究未来，但我仍会感到焦虑，这也是我决定撰写本书的重要原因。为了把意思说清楚，我还是先讲讲最近接过的两通比较棘手的电话吧。

一通电话：危机中的 CEO

那天，时间已经很晚了，我正在看书，电话突然响了起来。我一眼就看见是谁打来的电话。

"喂？"

"不行，BDJ。"卡罗尔着急忙慌地开口。她直呼大家给我起的外号，没有向我问好，没有开玩笑，声音里全是恐慌和紧张。"这不是我想要的未来。"

"出了什么事？"我问道。我也感到有点儿紧张，但是声音尽量保持平静。卡罗尔听起来情况不太好，这让我很担心。

"我觉得我不能拒绝这个客户。今天机会来了，虽然我们之前讨论过改变战略，也说过偶尔需要拒绝，但是……"她停顿了一下，深吸一口气，"这差不多是 300 万美元的收入呢。"

"其他人怎么说？"我问道。

"我还没有告诉他们，"她回答道，"我正坐在这里，思考该怎么办。这涉及公司的未来，以及我未来的业务。"

卡罗尔是洛杉矶一家中型人才经纪公司的首席执行官。10 个月前，她和团队的其他成员邀请我担任他们的顾问。他们担心公司没有为未来做好准备，我的职责就是和他们一起规划新的路径。

我们做了规划，而且规划得还不错。我们制定了具体步骤，打算从新兴的泛娱乐社交媒体领域吸引新一代有才华和影响力的人。这意味着公司客户的类型将发生重大变化。我不想谈其中的细节，但是作为风险评估的一部分，我们讨论过邀请大腕——譬如一位传统的电视明星——加入这家公司的可能性，我们确实很难拒绝这样的大腕加盟。

机会终于来了，但是卡罗尔感到害怕。我从她的声音中听得出来，她担心自己做出错误的决定，毁掉公司以及所有人的未来，当然也包括她自己。

"你听起来很沮丧。"我说。

"我真的很沮丧，"她气冲冲地说，"大家的生活和工作都会受到影响，更不用说我自己的家庭了。很抱歉这样说并不礼貌，但是我并非故意。我该怎么办呢，BDJ？你可是未来学家。"

我犹豫不决，突然之间也没了把握。她要做的事情是正确的吗？谁会拒绝 300 万美元呢？那怕不是疯了吧？

"你在听吗？"她问道。

我很久没有吭声，这让她感到不安，但是我不知道该说什么。我也感到害怕。我是未来学家，却突然对未来没了信心。

我一直沉默，是因为卡罗尔让我想起了在她之前几周接过的另一通电话。

另一通电话：面临选择的大学毕业生

赴约回来的路上，我的电话突然响了起来，打电话的是布鲁诺。

"喂，你好。"我说。

"我真是个胆小鬼。"布鲁诺说话时声音很低，透露出慌张。

"出了什么事？"我问道。

"没什么事，"他回答说，"但是问题就出在这里。我感到很无奈。"

布鲁诺是我一个朋友的朋友。他 22 岁，大学刚毕业，工作还算不错，但是没有给他带来太多满足感，也没有带来发展的机会。他喜欢自己生活的地方，但是还谈不上特别喜欢。他很孤独。最近，他决定跟男伴分手，不过过程并不顺利。布鲁诺觉得很痛苦。

"面试时我感到非常紧张，"布鲁诺说，"我担心被经理发现，然后被解雇。如果这样，我就没了医疗保险，万一生病的话，到时候我该怎么办呢?"

我停顿了一会儿,并非因为布鲁诺的一番话,而是被他的情绪传染。他就像陷入困境一般惊慌失措。过去几周,我们谈话的全部意义都是为了给他力量和信心去追求自己想要的未来。我伤害了他吗?我的建议会让他失业吗?如果他失去了医疗保险,那将是沉重的打击。我知道他的身体存在一些潜在的、非常严重的健康问题。如果不治疗的话,就会有很多麻烦。

"你还在听吗?听不到了吗?"布鲁诺问道。

"能听到,我在听……"我回答道。我的声音越来越弱,几周后我跟卡罗尔打电话时也是这个样子。

这两通电话后,我开始怀疑自己。我有什么权利给别人提建议呢?无论是那300万美元,还是决定职业道路,都是如此。是什么让我觉得自己可以提供建议呢?

我想起来每次焦虑来袭时,我都会在心里告诉自己一句话:"你可以帮上忙,因为你以前就这么做过。" 25年来,我一直在帮助跨国公司、硅谷科技公司、非营利组织、大学甚至政府和军队寻找前进的道路。

现在,我想帮助大家。

担忧未来会导致生活停滞不前。你会思维停顿,甚至无法做出决定;你会觉得自己失去了控制,感到沮丧,甚至想要放弃。

怎样才能改变未来呢?这需要一个过程,我可以把方法教给你，就像我教给卡罗尔和布鲁诺的一样。尽管有过极度恐慌的时刻（我和他们都有过），他们还是成功地把握住了未来。他们两人都是先做调整、重新规划，然后坦然接受自己的新方向，最终重新上路，也就是我所说的通往"未来的你"的道路。

寻找"未来的你"

每当遇到一个为未来奋斗的人，我就会告诉他，每个人都由三个阶段组成："过去的你"、"现在的你"和"未来的你"。

"过去的你"是由你的经历和记忆组成的，包括你的快乐和遗憾、胜利和失败，以及你学到的许多教训。

"未来的你"是你将要成为的那个人，包括你想成为的人，也包括你不想成为的人（后文再详述）。

接下来说一下"现在的你"。

对我们大多数人而言，"现在的你"就是"过去的你"的翻版。我们的生活是从过去来的。正如乔治·奥威尔所说："谁控制了过去，谁就控制了未来；谁控制了现在，谁就控制了过去。"[1] 我们并非仅仅记住过去，我们还被过去支配，我们会对错误的决定和错失的机会感到后悔，或者会想方设法忘记那些糟糕的时光。当然，过去并非都是坏事（至少我希望如此），其中也有美好的回忆和快乐

---

[1] George Orwell, *1984* (London: Secker & Warburg, 1949).

的时刻。

但是，无论过去是快乐的还是悲伤的，我们的生活都来自那里。因此，对大多数人来说，"现在的你"就是"过去的你"。

就这种观点而言，问题在于"过去已经过去"。除了进行彻底的自我重塑，没有其他办法。这让我想起了一句格言："人不会改变，只会越来越像自己。"在一个"现在的你"就是"过去的你"的世界里，这句话再正确不过了。

但是，如果换一种说法，把"现在的你"变成"未来的你"，结果会怎样呢？在这种情况下，你想成为什么样的人取决于现在的你是什么样，改变将是无限的。

我写作本书的目的，就是帮助你改写剧本，把"现在的你"变成最好的"未来的你"。我很高兴能为你提供所有必要的策略和工具，并讲述其他人如何拥抱未来的故事。读完本书，我保证你会比以往任何时候都更了解"未来的你"。不仅如此，你还能看到心目中的自己，了解拥抱未来需要采取的步骤。

你将成为"未来的你"。旅程从现在开始。

未来学家是做什么的？

我因为工作关系经常出差，乘坐飞机飞遍半个地球。在国际航班上，我总是喜欢在降落前填写空乘人员发放的入境表格。在职业一栏，我往往用大写字母写上"FUTURIST"（未来学家）。出入境管理人员看到后，便发生了一些有趣的插曲。在伦敦希思罗机场，一位身材魁梧的安保人员起初不相信我的工作是真实的，后来他开始不停地问我问题，身后的旅客因此排起了长队，我感到越来越慌张。"好了，未来学家先生。"似乎过了老半天，他才在我的护照上盖章。"你的工作很有趣，"他补充道，"如果你在研究未来，那就想办法让我们拥有一个美好的未来。"

在过去10年的大部分时间里，我是英特尔公司的首席未来学家。英特尔公司是世界领先的芯片制造商，为计算机等设备提供芯片。可以这么说，它制造的是电子产品的"大脑"。我是英特尔公司任命的第一个未来学家，我对自己的工作感到自豪。因此，在入境表格上，我写的不是"工程师"，而是"未来学家"，这总能让我感到欣慰。

我目前的工作主要是帮助大大小小的公司和组织展望10到15年后的未来，探索可能的积极性和潜在的消极性。然后，我告诉它们今天、明天甚至5年内需要如何做，才能走向积极的未来，避免消极的未来。

我的客户遍及各个领域，包括科技、制造、零售、医药、农业、金融、政府和军队。这些领域有一个共同点：它们需要在今天做出决定，但是这些决定可能多年内都不会得到回报。这可能是一次投资决策，将影响当年的盈利；也可能是研发一款新的产品，需要很长时间才能产生效益。

为了做出艰难的决定,它们需要训练有素的人收集信息,系统模拟种种可能的未来。这就是未来学家所起的作用。我喜欢对我的学员说:"筹划未来,舍我其谁?"

我和客户打交道,其中有一个步骤叫"未来投射"(futurecasting),我将在本书后面讲到。简而言之,这个过程依赖多方面的数据,如社会科学、技术研究、文化历史、经济学、趋势数据和专家访谈。通过输入不同的数据,我不仅能确定那些大概率会发生的事情,还能确定那些小概率会发生的事情。未来学家的伟大之处,就在于向人们展示未来的种种可能。

几年前,我接到一家建筑公司的邀请,帮助分析这家公司的未来。它拥有一百多年的历史,合伙人担心自己没有为未来做好充分准备。于是,我们把公司的所有人召集起来,共商未来大计。他们主要在美国中西部设计和建造教育设施。但是,我们并未仅仅着眼于公司的未来,而是把目光放得更远:探索教育的未来,帮助公司设想未来的立足之地。

就在这时,一件意想不到的事情发生了。没错,他们看到了公司的未来,也开始明白教育本身面临改变。他们看清了如何帮助塑造学习的未来,让所有学习者在生活中一步步做好准备,争取在21世纪能够大展拳脚。他们因此深受鼓舞,成立了一个非营利机构,名为"90亿所学校"(9 Billion Schools)。

"90亿所学校"旨在激发讨论、创新和行动,帮助创建一个人人都能从学习中受益的世界。这是一种个性化的学习,也是一种拓展生命长度、生命宽度和生命深度的学习。

我们寻求与各种致力于实现"90亿所学校"愿景的组织和个人进行合作、规划以及创新。①

他们受到鼓舞,对未来的可能性和自己将会受到哪些影响充满热情。

正如上述例子所示,我的工作不仅仅是想象种种可能的未来,也帮助客户打造最美好的未来。因此,我成为业界所说的应用未来学家。在与我初次相识的人的印象中,我应该是整天坐着,双脚架在桌子上,想象未来会是什么样子。但是,事实绝非如此。我是工程师和设计师出身。我是应用未来学家,不仅要描绘种种潜在的未来,还要与人密切合作,搞清楚他们需要采取的步骤。为了实现心目中的未来,他们需要着手做些什么。

这可能意味着要与公司的人力资源部门密切合作,招聘未来需要的员工,或者与金融界人士一起探讨投资项目。我甚至和设施经理共同探讨建设怎样的写字楼才能满足公司未来的员工需求。

总之,作为未来学家,我如果想取得成功,不仅要给客户提供

---

① "The Philosophy: Our Manifesto," 9 Billion Schools, accessed June 9, 2020, https://9billionschools.org/thephilosophy.

精心设定的未来场景，还要指明他们当下可以采取的实际步骤。

一个未来学家为什么要写一本励志书？

实话实说，我从未想过你们将会读到这么一本书。即使我的工作是展望未来，我也从未想过有朝一日会写一本励志书。

我解释过，我已经做了25年的未来学研究，帮助各种组织展望未来，并预测积极结果和消极结果。然后，我和这些组织合作，去实现积极的未来，避免消极的未来。除了工程师和设计师的身份，我还是大学教授和科幻小说作家。

我为什么要写一本励志书呢？这就需要讲讲另一个故事。

在英特尔公司工作期间，我很幸运，因为我的导师是安迪·布莱恩特。安迪身材高大，平易近人，平日里胡子拉碴，对高尔夫球运动充满近乎痴迷的热情。在被任命为董事会主席之前，他一直担任首席财务官。当时，我们都在俄勒冈州定居，而英特尔公司的总部设在加州的圣克拉拉。我经常看到他在两地之间往来通勤，这让我有机会对他有更多的了解。他经常乘坐美国西南航空公司波音737客机的经济舱，挤在后排中间的座位上。他可是一家年收入2 000亿美元的公司的董事长，竟然和普通人一样乘坐后排的经济舱上下班，而且对此毫不在意。

在一次指导会议上，安迪问我当初为什么加入英特尔。在加入英特尔之前，我曾在一家小公司设计互动电视的机顶盒。那还是互联网发展早期阶段，必须把电话线插到机顶盒的后面才能接入互联网。换句话说，那是很久以前的事了。

得到去英特尔工作的机会，我兴奋异常，因为我的工作覆盖面将扩大到全世界。我想从根本上改变公司构想、设计和制造芯片的方式，我想创造以人为中心的技术。我希望我的工程师同事们明白，他们不仅是在制造运算速度飞快的计算机，而且是在用这些计算机改变人们的生活——当然希望如此。

当我把这些想法告诉安迪时，他笑着说："显然你的标准定得还不够高，你在英特尔工作的这 10 年已经完成了这些目标。那么，你接下来的目标是什么呢？"

会议结束后，我没有直接回到办公室，而是在庞大的公司园区散步，仔细思考安迪问我的问题。

我是一个定位明确的未来学家，即所谓的技术未来学家和应用未来学家。技术未来学家的工作不言而喻。我的大部分工作都是围绕技术，探讨如何利用技术服务社会。就应用而言，我不仅要设想种种可能的未来，还要努力使这些未来成为现实。

但是，我也是一个关心人类的未来学家。我认为，我们生命中所做的一切都始于人、终于人。中间可能会涉及很多技术、过程和程序，但它总是从人开始，以人结束。有个记者曾开玩笑说我虽然是技术未来派，但是更关心的是人而不是技术。我把这个玩笑视作最好的赞美。那天，当我在园区散步、思考下一个人生目标时，我意识到人才是我真正的激情所在。

我思考越多，就越清楚地意识到，下一个人生目标就是从过去7年所做的芯片研究转移到人身上来。我想从根本上改变人们想象、设计和构建生活的方式。我想帮助人们认识到未来并非一成不变，而是可以通过行动一天天构建而成。我希望大家都能明白一个道理：只有积极参与，才可以构建自己的未来。绝对不能等待未来主动找上门，更有甚者，让别人来设计自己的未来。

这就是我这位未来学家撰写这本励志书的缘由。对很多人而言，未来就像一个盲点，他们看不到，也无法改变。但事实并非如此，你可以做到从今天开始。希望大家做好准备，踏上探索之旅。我很高兴能帮助你们想象、设计和构建你们一直想为自己、子女和社区创造的未来。如果有足够多的人共同行动，我们甚至可以改变未来的世界。

真实的案例

我希望本书能够吸引尽可能多的读者，书中充满了我帮助过的普通人的故事。我也希望本书既实用，又能带来互动。书的每一章都设有"闪问"练习，鼓励读者放下书，拿起纸和笔。我把"闪问"练习运用于公司和组织中，这是帮助人们思考和行动的工具。

就像我会让你拿起笔写字，或者拿起手机输入文字一样，我也会让大企业的 CEO 和董事会成员做同样的事情。

当你翻开本书时，可能会觉得"闪问"练习不是你想看的，但是它对整个过程极其重要。后面我会一遍一遍地解释，要发现"未来的你"并非轻而易举。当我与新客户接触时，我会先进行一系列探索性访谈，了解客户的具体需求，然后再进入详细的研究阶段。我和团队会从多个角度进行了解，这些角度包括人类学、工程学、市场研究和技术，甚至根据项目所需还会涉及一些科幻内容。最后，我和团队会利用数百个（即使不到数千个）数据点为客户建模不同的未来。

我不是想吓唬你。在"闪问"练习环节，我要求你进行的研究和思考不会详细到这种程度。重要的是，你需要创造必要的思考空间，为努力研究未来做好准备。

关于这个过程再讲一点：我知道每个人的工作方式和思维方式都不同，但是我强烈建议大家拿出记事本，或者至少是可以用来做"闪问"练习的东西。根据经验（既有我自己的经验，也有从别人身上得到的经验），把想法写下来或者打出来会让人觉得直观且真实，只在脑海里回答问题是很难做到这一点的。把所有关于未来的思考都记下来也很有帮助，因为将来你可能会回过头来翻看。

好了，我不再像教授一样说教了。不过，我想告诉大家最后一点，这也是我对我的学员们讲的："过程就是过程。"大家也许无法懂得这句话的全部意义。但是，我保证你们很快就会懂的。

接下来：看清未来

对许多人来说，未来是不可知的，而且还会被误导。这让我想起了马克·吐温的一句名言："世界的问题不在于人们所知甚少，而是人们知道太多似是而非的东西。"在能够掌控自己的未来之前，你需要消除由来已久的谬误。这就是我们将在第 2 章共同探讨的话题——"关于未来，你所了解的都是错误的"。当然，这个标题算不上多么巧妙。

02

关于未来,你所了解的都是错误的

本书有个"幽灵"在作祟,这跟人们想到未来时被纠缠的是同一个"幽灵"。但是,人们没有意识到这个可怕的"幽灵"其实并不存在。它是小说中的产物,就像经典黑白电影里的食尸鬼一样。

我回想起2018年参加过一次天马行空的鸡尾酒会。我坐在旧金山的一个楼顶露台上,这里是科技杂志《连线》成立25周年庆典的现场。巧合的是,2018年也是我作为未来学家工作的第25个年头,所以杂志的编辑邀请我发表讲话。

"我能告诉你一件发生在我身上的怪事吗?"坐在我旁边的年轻女子一边眺望着海湾一边问道。她叫奥黛丽,我们是在最近的一个电影工作室合作项目中偶然认识的。

"说吧。"我对她说。

奥黛丽生动地描述了她最近做的一个关于末世的梦,梦中到处是失控的无人机、机器人和增强现实(AR)。

"听起来像科幻电影。"我说。

"没错！"她惊喜地喊道。接着，她说起梦中发生的可怕的变化，不由得皱起了眉头。机器人有了自己的思想，自动驾驶汽车失控。她的妈妈（理所当然！）出现了，但她很快就发现这个人并不是她的妈妈。奥黛丽摘下AR眼镜，意识到自己在梦中看到的未来城市其实是一个被轰炸过的战区。她甚至向我描述了被烧焦的尸体的味道，不得不说，这与楼顶露台晚宴的绝妙氛围形成了鲜明的对比。

"这个梦很可怕，奥黛丽。"我告诉她。几分钟后我就得上台发言，所以我请她原谅我不得不起身离开。我又补充说："但是在我走之前，我向你保证，这场噩梦不会变成现实，因为人类不会让它发生。我们才是世界的主人，特别是在技术方面，人类仍然会是主宰。噩梦更有可能与人失去控制有关，而不是人被技术接管。"

奥黛丽的噩梦就是本书所说"幽灵"的一个很好的例证。她和许多人一样，害怕自己面对未来无能为力。这种恐惧是她做噩梦的根本原因。她的妈妈已经不是她的妈妈，城市也不再是她所处的城市，她自认为了解的现实根本不是真的。某种东西改变了她所处的现实世界，控制了她遇见的人和看到的事物。在她的噩梦中，增强现实就是改变现实的工具。增强现实是一种客观存在的技术，这让她更加害怕。然而，归根结底，奥黛丽做噩梦是因为她无法掌控自己的未来。

在本章，我们将更仔细地审视未来，揭示这些对未来的看法——如黑暗、反乌托邦、恐惧——为什么如同电影特效一样都是假象。就像在电影中看到食尸鬼的真面目一样，恐惧将变得可笑。

为了帮助大家消除假象、看清未来，并把全部权力交还给自己，我现在重点谈谈关于未来的几个关键的真相。

第一个真相：未来并非一成不变

现在请你闭上眼睛想象未来。你看到了什么？也许你想象自己是个老人，在海滩或者某个遥远城市的街道上漫步。如果你有孩子，你可能会把他们想象成成年人，也许他们还有自己的孩子。又或者，你的脑海中浮现的是一个被时间改变了的城市景观，也可能是一个被气候变化破坏的环境。不管你如何想象，未来都已经命中注定，这是问题的关键。因为这就是你的思维惯性，认为随着时间的推移，你正在走向一个明确界定的未来。你心中想的是命运或者命中注定。

你知道我的看法吗？命运是说给容易上当的傻瓜听的。命定论是一种逃避，也是一种谎言。可能其他人就是这样教你思考未来的，但是请你慎重对待。

我撰写本书的目的就是告诉你如何想象、设计和实现自己想要的未来。在这个过程中，我会帮你搞清楚如何避开自己不想要的未来。对许多人而言，未来是一个盲点。你明明知道未来就在那里，却看不见也摸不着。但是，我想说你真的可以看见未来。这个过程的第一步，是要明白别人关于未来的一切说法都是错误的。我知道自己这么说太绝对，但是请相信我，我会解释清楚的。

人们谈论未来的方式完全是错误的，尤其是那些有权力或者有影响力的人。下面这些话是电视评论员或者政府官员说过的，你肯定听过许多次吧？

- "未来，机器人将取代我们所有的工作。"
- "在将来的某一年，我们不用自己开车，而是使用自动驾驶汽车。"
- "在未来，保险机构将要求所有人在体内植入监控芯片。"

从这些例子可以看出，人们在谈论未来时使用的表述都是错误的，仿佛未来就是最终目的地，是大家都要去的地方。其实不然。他们谈起未来，仿佛是在谈论艾奥瓦州的得梅因，好像每个人都会去那里。但是，事实并非如此。别误会，这座城市很棒，我去过很多次，我相信你明白我的意思。

正如我们把未来看成一个终将要去的地方，我们同样认为无法避开未来。不管是否愿意，我们都将去往得梅因。这种观点是错误的。（再次声明，没有贬低得梅因的意思！）未来有很多种可能。

因此，未来并不是固定不变的，在通往未来的道路上，我们也并非无能为力。明白了这个道理，你应该如何去做呢？简单的回答是：积极参与自己的未来。你不能袖手旁观、被动等待。不想去得梅因，那就别去。重要的是，不要让别人定义你的未来，否则不会有好的结果。你有能力塑造自己的未来，是否发挥这种能力取决于你自己。

这听起来像一项艰巨的任务，大多数人不会没日没夜地思考未来。他们凭什么去思考呢？这不是他们的工作。每个人都在忙着考虑工作、上学、照顾家庭。对大多数人而言，只考虑晚餐吃什么就已经是在思考未来了。这很正常。

问题是人们没有机会思考未来。于是，该我登场了。我的妻子经常说我生活在十几年后的未来，只在周末才会乘车回家。

她说得没错，我的确可以提供帮助。因此，无论是我撰写本书，还是你阅读本书，都是用一种崭新的方式思考未来。我不能告诉你未来是什么模样，只有你自己才能做到。因此，你需要警惕那些声称知道你的未来的人。

只有你自己知道自己的未来。我可以帮助你，给你提供正确的方法。通过这些方法，你不仅可以想象自己想要的未来，还可以明确实现目标所需的实际步骤。

现在你已经知道，未来并非一成不变，你能够奔赴一个不同的未来。这又引出了其他问题。你想去哪里？你想要的未来是什么？要回答这些问题，你需要想象未来的自己，为明天打造一个全新的梦想。这就涉及关于未来的第二个重要的真相。

第二个真相：未来并非科幻

当人们试图想象自己的未来时，他们通常会借用生活中唯一一种关于未来的设想：科幻。为什么不呢？借用科幻理解现实很有道理。我们经常看关于未来的影像，而且大部分是动态影像。我们已经看过太空旅行（《火星救援》《星际探索》《地心引力》）；领略了未来之城（《少数派报告》《饥饿游戏》《第五元素》）；见识了无人驾驶汽车（《全面回忆》《变形金刚》）；欣赏了机器人（《我，机器人》《人工智能》《终结者》）以及比我们更聪明的机器（《她》《机械姬》《2001：太空漫游》）。

科幻为我们塑造了种种难以想象的未来。我们为什么不能把这些素材用来想象自己的未来呢？原因很简单，因为这些是错误的。请听我解释。

首先，你没搞清楚吧，我其实是极客，是不折不扣的书呆子。我喜欢与科学和科幻有关的一切东西。我之前提到过，我也是科幻小说作家。我的小说《战争：巫师和机器人》讲述的是穿越时空的半机器人和一个不愿意做英雄的少女的故事，这个少女同邪恶的机器人斗争，阻止它们彻底毁灭地球。没错，我很喜欢这种主题。我是说，谁不喜欢这样的主题呢？庞大的思考机器在世界各地的大城市展开斗争，目的是控制我们的星球，结果却自取灭亡。

不过，我要说的重点是：成年后一切都变了。我不再是 10 岁时坐在学校计算机实验室看科幻小说的书呆子。科幻充满趣味和游戏，但是如果真正思考未来，我们必须把科幻放在一边。未来并非如此。科幻的娱乐性很强，但不应该根据它进行人生规划。

为了更好地解释这一点，我给大家介绍一位朋友，他也是我的合作人，他懂得很多想象未来的方式。

打造虚拟世界的实验室

南加州大学坐落在洛杉矶市中心。这所学校在许多方面享有盛名，它的电影专业可能是其中名气最大的。乔治·卢卡斯、罗恩·霍华德和许多其他一线电影制作人都曾在这里就读，这所学校也因此吸引了大量年轻的电影制作人和讲故事的人。

我在圣殿剧院前下车，剧院色彩鲜艳的玻璃窗和摩尔风格的尖顶圆塔格外引人注目。这里举办过很多负有盛名的颁奖典礼，包括格莱美音乐奖、奥斯卡金像奖和国际艾美奖。像南加州大学校园附近和校园内的许多建筑一样，它四周都是高大的棕榈树，让人想起好莱坞的精英阶层。

在剧院的拐角处，是以罗伯特·泽米吉斯命名的泽米吉斯数字艺术中心。泽米吉斯执导过《回到未来》《阿甘正传》等电影。我去找亚历克斯·麦克道尔，他是南加州大学的教授，也是世界建筑媒体实验室的负责人。

我想，如果要谈思考未来的方法，最好先听听一个专门讲述未来故事的人怎么说。亚历克斯就是做这一行的。他取得了很多成就，曾为电影《少数派报告》和《超人：钢铁之躯》设计了虚拟世界。

南加州的天气总是阳光明媚，舒适宜人，这一天也不例外。我在亚历克斯的世界建筑媒体实验室里找到了他，里面到处是空间站模型和未来主义建筑模型，此外还有许多热情的学生。

"嘿，BDJ。"亚历克斯边说边示意我去他的办公室。亚历克斯来自英国，带有英国口音，他说的每句话听起来都意味深长，即使他只是回答洗手间在哪里，也会让人觉得是在给出个人建议，耐人寻味。

"我想谈谈如何想象未来。"我在寒暄之后说道。

"嗯，你来对地方了，"他笑着说，"我们的工作就是想象未来。"他指了指附近的一个工作台，一群学生正围着一个看起来像水下大都会的模型。

"你说得没错，"我说，"不过，想象科幻中的未来和真实的未来是有区别的。"

"你说得太对了。"亚历克斯表示同意，身体向后靠在椅子上。越过他的肩膀，我可以看到外面湛蓝的天空和耸立的棕榈树。"科幻的意义就在于讲好故事，这样才能吸引观众，电影制片厂的高管才会高兴。科幻和好莱坞一样，都是为了赚钱。幸运的是，创作激动人心的故事能让我们的生意更加红火。人们喜欢刺激，渴望刺激。"

"商业就是商业，非常现实，"我说，"观看关于未来的电影时，需要记住一点：你看到的只不过是娱乐。他们制作电影的唯一目的是让你掏腰包，花 13.5 美元或者时价买张票。"

"没错，"亚历克斯说，"听着，这样做并没有错。这是我的工作。我与斯皮尔伯格、芬奇和吉列姆等人合作，创造了许多虚拟世界，这些世界激动人心，独一无二，真实可信。这些世界越可信，观众就越觉得在银幕上看到的东西真的会发生。就拿《少数派报告》来说，我们与科学家、人类学家和其他专家进行了多次交谈，以便创造的未来尽可能真实。为了吸引观众，就必须让他们相信我们创造的黑暗未来可能会发生。"

"黑暗未来也很重要，"我说，"电影需要有冲突和戏剧性，才能吸引人们观看。如果所有的角色都很完美，他们生活的世界也很完美，没有发生任何糟糕的事情，这样的电影就不会有人看。"

"这样的电影会很糟糕，"亚历克斯说，"除非是《楚门的世界》。"

"没错，"我笑着说，"但是说真的，我们需要记住一点：我们观看的关于未来的科幻电影不只是被销售的产品，它们故意营造一种黑暗的反乌托邦氛围，因为这会让电影富有戏剧性，让观众觉得更好看。"

"是这样，"亚历克斯望着实验室说，"我在这里训练学生，就是让他们去这样做。"

"因此，人们真正去想象自己的未来时，绝对不应该以科幻为基础，"我说，"如果明天早上醒来，我们发现自己生活在科幻世界里，或者生活在《少数派报告》描绘的场景中，那可不是什么好事。"

"那将是一场噩梦。"亚历克斯表示赞同。

"科幻……非常适合娱乐，但是不能用来规划人生。"我接着说。

"我从来没有从这个角度去想过，"亚历克斯一边说着，一边在椅子上动了动，"但是，没错，你说得对。"

第三个真相：未来那点小秘密

好了，我们来回顾一下。前面已经说过，把未来视为某种客观的物理存在，不管喜不喜欢，我们都在朝着它飞奔而去，这种观点是错误的。我们也知道未来不会像科幻电影那样（这么想就对了）。那么，未来会是什么样子呢？这就引出了关于未来的第三个真相，也是最后一个真相，我称之为"小秘密"。

"时间是 25 年之后，"一个庄严且洪亮的声音响起，"你走出大门，进入了一个完全不同的世界。"这时响起了咚咚的鼓声。

此时，我正坐在新奥尔良市（"超级快活城"）一个昏暗的礼堂里，参加一场关于城市未来的会议。会场播放的是开场录像。

我已经看过几十次业内所谓的"视觉视频"。赞助公司和策展人喜欢制作这类视频，让观众对未来世界感到兴奋，并展示自己在战略思维方面的优势。

怕大家误会，我不妨说一下我其实并非视觉视频的超级粉丝。

"自动驾驶汽车会送你去上班，送孩子去上学。"视频中还展示了一些照片，照片中的人穿着略带未来感的服装，笑容可掬，充满魅力。这种衣服通常只有一种颜色，看起来很乏味。我不明白为什么大家会认为未来人们不会喜欢鲜艳的衣服。

"无人机会给你送包裹和药品……"视频中的人声继续说道。不过说实话，我已经听不下去了，我并非怀疑这些视频中的技术会实现，我甚至都不担心它们会对我们的城市和生活产生负面影响。

我认为这些高水准的视觉视频存在一个问题，即它们试图掩盖关于未来的小秘密。

谈论未来时，人们不仅错误地认为未来是一个任何人都无法偏离的固定的目的地，而且错误地认为未来意味着天翻地覆的变革。

关于未来有一个小秘密：未来看起来和今天很像。如果你去纽约第五大道拍一张照片，然后把它与10年、20年甚至30年前拍的同样的照片进行比较，你会发现尽管过去了很多年，它看起来跟原来几乎是一样的。当然，路上跑的汽车变了，人们的穿着也变了。但是，总体外观和给人的感觉几乎与过去是一样的。

这是一件好事！因为文明恰恰无法适应天翻地覆的变革。正如亚历克斯所说，如果明天早上醒来，我们发现自己生活在科幻世界中，那将是一场噩梦。

另外，如果未来看起来和今天非常相似，那就意味着针对将要发生的变化，你只需要了解几件具体的事情。我们将在后面的章节对此进行详细探讨。

关于未来的这个秘密，我们搞清楚了，这意味着我们可以认识将要发生的事情，并使塑造未来成为可能。让你感到担忧的事情是有限的，所以未来看起来并非势不可当。

在开始之前，我想告诉你最后一个应对未来的方法。这有点像一种防御机制。因为在你开始想象、设计和实现自己未来的过程中，你会遇到一些人，他们想让你相信另一个版本的未来。但是，你没有必要听他们的话。

当心预言家和预言制造者

我是未来学家，所以人们总是期待我对未来做出预测。他们的想法完全可以理解，但我经常回答说我不是他们想象的那种未来学家。其实，我是拒绝做预测的未来学家。

为什么拒绝呢？因为预测毫无意义。这是傻瓜才玩的游戏。

关于预测未来，我最喜欢的一句话来自艾萨克·阿西莫夫。这位科幻小说大师凭借他的机器人故事闻名天下，我非常喜欢他的那些故事。不过，阿西莫夫一生中也因为善辩而著称。他写的科普作品远远多于科幻小说，而且涉及天文学、生物学、化学等多种学科——其实，我可以按照字母表的顺序一一列举，不过你明白我的意思就行。阿西莫夫甚至还写过《圣经》的故事和世界历史。

但是，关于预测未来，阿西莫夫的立场非常明确。人们总是期待这位科幻作家和科普作家预测未来。他曾经这样说道：

> "预测未来是一种没有希望、费力不讨好的任务，开始会被人嘲笑，最后往往遭人鄙视。"[1]

我总是在第一天上课时和我的学员分享这句话。如果你听了以后还想成为未来学家，我觉得你是来对地方了。

我也会告诉学员，未来学家并不预测未来。预测并非我们的工作。这是大多数专家和未来预测者正在努力做的事情。他们希望自己预测正确。当他们预测的事情发生时，他们渴望站在镜头前说："看到了吗？我早就告诉过你。"

但是，这并非未来学家的工作——至少不是应用未来学家研究的目标。

作为应用未来学家，我的工作不是预测准确，而是把事情做正确。这似乎存在细微的区别，但是涵盖了我所做的一切。这大概是

---

[1] Isaac Asimov, "Life in 1990," *Diner's Club Magazine,* January 1965.

说，当我与客户合作时，无论是一家小型初创企业还是澳大利亚政府，我不仅要根据事实为各种可能的未来建模，还要让客户做好准备，争取最好的结果。我帮助它们设计未来，让它们能够正确把握未来，最终取得圆满的结果。

这就是我要和你一起做的事。我不会告诉你未来是什么样子，但是会提供思考的工具和方法，让你正确把握未来，拥有自己渴望的前景。

有很多人喜欢预测未来，告诉你未来会是什么样子。更糟糕的是，还有人想利用各种版本的未来吓唬你，让你对未知束手无策。这是荒谬的。任何告诉你某种特定的未来即将发生而你却无能为力的人，都是在试图剥夺你的力量。

开始设计自己的未来时，可能会遇到种种消极的情况和削弱你的力量的人。针对这一点，有一种简单的应对方法。在任何时候，当有人告诉你关于未来的事情并做出预测时，先问问自己三个问题。

这个人是谁？

这个人为什么告诉我这些事情？

这个人想让我利用这些信息做什么？

这三个简单的问题是我精心提出来的。你也许是在健身房或者机场，也许坐在电视机或电脑前，当听到一种关于未来的可怕预测时，你可以停下来快速问自己这三个问题。

未来学家来敲门

我们在这一部分要谈最后一点，也是很重要的一点。你邀请我进入你的生活，开始谈论你的未来。（好吧，这让我觉得自己仿佛是"吸食"未来的人，但是我先忽略这一点。）我不会给你做任何预测，不会告诉你未来是什么样子。我可以告诉你思考未来的不同方法，但是能了解并创造未来的只有你自己。

现在，我来告诉你如何像未来学家一样思考，这样你就可以着手打造自己的未来。当你开始像未来学家一样思考时，力量就开始显现。

首先请做下面的闪问练习，帮助自己进入正常的思考状态。

启动未来之门

闪问 1

现在进行第一次练习。

这是我在第 1 章提到的闪问练习的开始。希望你已经找到记事本用来完成书中的这类练习。正如我所解释过的，最好把你对未来的所有思考和想法记下来，方便将来回头查看。未来投射是一个过程，在这个过程中，记事本将成为最有价值的工具之一。

开始练习之前，我只需要你回答以下问题。花多少时间取决于你如何思考，但是我认为要超过喝一杯咖啡的时间。不过，用不着取消自己的周末计划或其他事情。好了，我们开始吧。

第一步：思考未来

对我们许多人来说，最大的恐惧来自未知。未来就像生活中的巨大盲点，让人恐惧万分，难以言表。这就形成了一种恶性循环：认为自己对未来了解得越少，你就越害怕它。产生这种恐惧后，你甚至看不到未来可能的结果。以下练习旨在帮助你打破这种循环，消除恐惧，扫除障碍，为自己和至亲好友想象一个更加美好的新未来。

▶ **问题 1：你对未来最大的恐惧是什么？**

让我们从一次简单的头脑风暴开始吧。请你列出三四种让你恐惧到夜不能寐的事情。这些恐惧可能与失业或经济状况有关。你也许害怕自己生病或者所爱的人生病，又或许害怕孤独老去。无论是哪些恐惧浮现在脑海中，都把它们记下来，然后继续下一个问题。

追问：

- 是否有一些小事令你恐惧或者困扰着你？

白天在你脑海中挥之不去的恐惧是什么？这些恐惧不一定是导致生活发生重大改变的恐惧，而只是一些微不足道的小事。你担心身材走样吗？你花了太多时间学习技术吗？

▶ **问题2：你最近听到的关于未来的预测是什么？**

正如我在本章提到的，预言家无处不在。打开新闻频道，你很快就会遭到各种预测的轰炸。你最近听到的一次预测，即使不是出自电视评论员之口，也有可能是健身房跑步机上正在锻炼的某个人，他言之凿凿地谈论股票市场上肯定会发生的某种事情。如果你最近听到的预测不止一个，那会帮助你从更高角度判断。

追问：

- 这个预言让你感觉如何？
- 它让你想起了什么？

简单地写下你听到这个预言时的感受。当你听到这个预言时，你在脑海里看到了什么？它改变了你对未来的看法吗？这是好事还是坏事？为什么？

▶ **问题3：你能看到的最遥远的未来是什么？**

这个问题的答案或许取决于年龄。你越年轻，未来的岁月就越漫长，但是你可能还是只能想象5年或10年后的生活。不管怎样，花几分钟的时间想象和描述一下浮现在脑海中的未来。你住在什么地方？周围的人都是谁？你长什么样子？细节对未来投射至关重要，所以越具体越好。

追问：

- 关于这个遥远的未来，让你感到兴奋的是什么？
- 让你感到担心的是什么？

这很像尝试一种新的锻炼计划，新计划会用到平时不常用的肌肉。这也许会让你觉得困难，也会让你感到疼痛，或者至少会让你感到烦恼，但这样做是值得的。习惯于思考未来并将未来清晰地表达出来，对你想象、设计和实现未来是非常有用的。

第二步：探讨未来

在这一步，我希望你去找三个人提出同样的问题。尝试不同的年龄、性别和背景——也许可以挑一个朋友、亲戚或同事。当你积极主动地从与你身份不同的人身上寻找答案时，他们提供的答案都是基于个人经验的。他们的经历、肤色、性别和社会地位都与你不同，但是可以肯定，他们的一些观点和答案可能是你未曾考虑过的。向他们提一些关于未来的问题，你可以听到不同的观点，获得新的认知，拓宽自己的思路。

让这些人通过电子邮件或短信写下他们的答案，或者在跟他们打电话或面对面交谈时做好笔记。无论哪种方式，都要尽量收集更多、更具体的细节。如果思考未来是你习惯使用的一项重要技能，那么谈论未来也必不可少。请记住，对于和你谈话的人而言，这些也是需要做的新练习。他们不习惯这样思考，可能感到不安，甚至会认为这很愚蠢。但是，这些练习有助于快速识别生活中不支持或妨碍自己的人。这些人可能会成为你的团队成员，帮你实现想要的未来。这也算是一种意外收获！

第三步：反思未来

在最后这一步，请你把自己的答案与那些受访者的答案进行比较。我知道你仅仅读了本书的前两章，所以不指望你完全改变对未来的看法。但是，因为你已经开始重新定义自己与未来的关系，所以希望你对未来的看法和受访者对未来的看法存在一些明显的区别。

反思未来非常重要，因为这给你提供了思考的时间和空间。对于自己想要的未来，大多数人不会留出时间去思考，不会和他人讨论，也不会去反思。

▶问题：

- 你学到了什么？
- 你还想要同样的未来吗？
- 这是否改变了你为自己设想的未来？

你的未来并非固定不变。它可以发生变化，你也可以去改变它。如果开始构建未来时，未来发生了变化，那也没有关系。这是好事。反思未来会给你足够的空间引导未来朝正确的方向发展。

我在不断地练习未来投射，对我来说，差异通常是明显的。下面是我多年来做这种练习时见过的一些模式。

- **末日心态**。人们在想象未来时总是容易想到最坏的情况，对此我感到很是震惊。就拿死亡来说，我知道死亡不可避免，但我并不过多考虑这个问题。相反，我的重点是掌控眼前的事情。我坚持合理饮食，积极锻炼身体，每年做一次体检，尽力保持身心健康。这种乐观态度是从事未来研究带给我的宝贵财富。乐观还是悲观，对未来积极还是消极，这些需要我们做出选择。没有唯一正确的答案，决定权在自己手中。积极面对未来能产生巨大的能量，我希望你也能做到。

- **不能对预测持保留态度**。请记住，预测是傻瓜才玩的游戏（这是未来学家的看法）。我的工作不是预测未来，而是帮助人们和组织模拟各种结果，确定最适合他们的路径。当你开始规划自己的人生时，这也成为你的首要目标。不要试图预测未来，但是一定要对未来做好准备。

- **反乌托邦的未来愿景**。无论好莱坞受到什么样的指责，它还是会拍一些对未来持悲观态度的影片供人们娱乐。我和其他人一样喜欢科幻惊悚片。但是我也知道，电影或小说呈现的未来，是演艺人士或作家创作出来的。在现实生活中，未来并非如此。无论年轻还是年老，在人生结束之前，你所知道的世界都不会有太大的改变。

好了，第一次闪问练习到此结束。鼓励一下自己吧。不，使劲鼓掌吧！如果你不鼓掌，那至少花点时间好好享受一下。就像去健身房锻炼或坚持跑步一样，这些练习并不总是那么容易，都需要付出努力，但是当你坚持完成后，就很有意义，我希望你能花点时间认识到这一点。还要记得感谢与你交谈过的人！

在接下来的章节，你将看到更多内容，我们会像未来学家一样思考。

接下来：进入正题

我们已经清除了关于未来根深蒂固的错误观点，现在可以面对现实了。你可以像未来学家一样思考。在第3章，我将揭开未来投射的帷幕，向你介绍具体步骤。在此过程中，我将分享不同人的故事，他们通过这种方法成功地确定并实现了自己想要的未来。

03

如何像未来学家一样思考

那个女人充满怀疑地问:"你是预测未来的专家吧?"

我回答说:"绝对不是,米拉。"我看到她的翻领上挂着徽章,上面写着她的名字。"我与人们一起探索他们可能的未来。"

当时我正站在达拉斯市中心一间董事长会议室前,准备与一家大型能源公司合作,不仅为它的业务建模,还为整个能源行业的未来建模。

我补充说:"在接下来的两天,我们将探讨积极的未来和消极的未来,帮助公司朝着正确的方向发展。"

"你说什么……你能未卜先知吗?"米拉问道,心中的疑虑仍未打消。会议室里的其他人都在认真地看着我们两个交谈,看得出来,许多高管也和米拉的想法一样。只不过,米拉是唯一有勇气质疑的人。

"不完全是这样。"我微笑着说。

会议还未开始,气氛就不够友好。但是,我其实很喜欢这种讨论。我喜欢人们说出自己的真实感受和偏见。说到未来主义的力量，持怀疑态度的人并不在少数。正如我在前一章详细讨论的那样，这是因为大多数人听说的关于未来的一切都是错误的。像我这样的人站出来，提出对未来的另一种看法，人们会下意识地表示怀疑。对此，我并不介意。

"我是未来学家，有办法帮助像你这样的人探索未来，"我继续说道，"我不是未来能源行业的专家，你才是。利用我的方法和你的专业知识，我们将共同探讨能源行业的未来。"

米拉点了点头。会议室的桌子上放着一些凝结着水珠的冷水壶，米拉拿起一个水壶倒了一杯水。我能看出她还想质疑，但是她出于礼貌，不想在会议开始之前就把气氛搞僵。

我炫耀一般补充道："我无法看见未来，但是可以告诉你如何改变未来。"

"你说什么？"她突然又来了兴趣，不再和我争执。

"那你能告诉我们谁会赢得'超级碗'吗？"桌子另一端有一个人笑着插嘴问道。这个人叫弗兰克，就是他叫我来参加讨论的。"你知道，预测这场比赛是很有用的！"

我回答说："我真的希望能告诉你，但是我不想让在场的牛仔队球迷失望。"围坐在桌子旁的人在暗自发笑，大家开始放松下来。开个跟体育有关的小玩笑，最容易让会议室的人放松了。

我继续说："不过，说真的，我的工作并非预测未来，但是这些年我已经学会如何改变未来——不仅能够探索可能的未来，而且能够改变未来的方向。答案……"说到这里，我停顿了一下，目的是吸引所有人的注意。

"答案是什么？"米拉问道。

"拜托了，BDJ，别卖关子，我们等不及了。"弗兰克有点激动地拍了一下会议桌。

"要改变未来，首先需要改变自己讲述的关于未来的故事，"我说，"如果你能做到这一点，你就会做出不同的决定，而这些决定将引领你走向一个全新的未来。就是这么简单。我在给政府、军队以及其他公司提供咨询时也是这么做的。改变叙事，改变未来。这是未来投射关键的一步，也是我们从现在开始需要共同完成的一步。"

我看了看米拉，想弄清楚这个怀疑我的人是否有打消疑虑的迹象。和其他高管一样，她长着一张精致的扑克脸。我隐约观察到她有时点头表示同意，有时扬起眉毛表示怀疑。这正是我想达到的开场效果。

未来投射的三个步骤

我在达拉斯又待了两天，在这期间我和米拉及其同事分享了过去 30 年研究并完善的未来投射法。在本章，我将与大家分享这种方法。

我是这样告诉他们的：第一步是关于自己想要的未来，改变叙事是最重要的一步。要做到这一点，你需要对自己的未来编一个新故事。要完成新故事有许多不同的策略，我将在后面对此进行更详细的讨论。现在，只需要明白一点：在完成新故事之前，你无法改变未来。

编好故事后进入第二步，即找到将你带入新未来的力量。这些"未来的力量"包括能够帮助和支持你的人、推动你完成新故事的工具以及有经验的专家。我会告诉你如何识别和利用这三种力量，让你的新未来步入正轨。

找到自己未来的力量后，我们就来到了第三步"逆推"（backcasting），这也是最后一步。逆推决定你需要采取哪些具体步骤，才能朝着想要的未来前进，同时避开不想要的未来。这可能会让人望而却步，但是将这个过程分解成具体的步骤会让人觉得切实可行。我把这一段过程称为"逆推"，是因为通过反向推导才能确定这些步骤：为了前往一个不同的未来，首先想象需要做什么才能抵达"半途"，继而想象需要做什么才算是到达"1/2半途"，最后想象需要立刻做什么，我常说的是"星期一需要做什么"。

未来投射的关键在于行动。能够启程、找到并保持前进的动力对整个过程至关重要。因为人们根本不知道从哪里开始，所以有许多未来还没有实现，但是到底有多少未来没有实现，我无法告诉你。

他们对形势考虑过多，最终陷入分析停滞的状态。如果说想象是未来投射的第一法则，那么行动则紧随其后。

简单来说，这就是整个过程。在本书接下来的章节中，除了案例、练习和策略，我还会提供更多细节。你会读到一位女士用这种方法找到自己的理想职业，你还会看到其他人在我的指导下，对爱情、人际关系、金钱、财务、健康和幸福等生活的不同方面进行了未来投射。本章最后将介绍一套练习方法，帮助你进行未来投射。

我一直告诉我的学员："过程就是过程。"

无论你希望创造什么样的未来，只要应用这个过程，一切皆有可能。

专栏

让未来学家负责

我培养未来学家已经有十多年了。我可以自豪地说，我的学员已经成为一些跨国公司、政府和非营利组织中的未来学家。

在过去的8年里，我要求学员第一天上课前都要阅读一本书，即丹·加德纳的《"愚"言未来：为什么专家预测几乎毫无价值，而你可以做得更好》。丹是一名顾问，也是《纽约时报》心理学和决策类畅销书作者，还是渥太华大学公共与国际事务研究生院的高级研究员。

在《"愚"言未来：为什么专家预测几乎毫无价值，而你可以做得更好》一书中，丹就像记者一样深入调查，对未来学家和未来主义进行了严厉批判，详细地说明了未来学家多年的预测如何错得令人难以置信。这是我的研究的一部分，因此我决定联系丹，看他如何帮助那些第一次接触该过程的人进行未来投射。

"2009年我撰写这本书的时候，人们对石油价格非常关心。"在最近一个早晨的电话采访中，丹解释说："当时大家都想知道是否已经达到'石油峰值'，油价已经到极限了吗？"

"我对这件事记忆犹新。"我告诉他。

"从那时起，没有谁能准确预测有关油价的事情，"丹轻轻一笑，"如果你在2009年就预测到我们现在的情况，人们会认为你疯了。这说明就连那些所谓的专家也会出错。即使我们尽力去考虑种种可能性，我们的思维通常非常有限。"

"那么，对于那些试图想象和构建自己未来的普通人，你有什么建议呢？"我直截了当地问。

"平衡，"丹说，"人们需要在两种不同的欲望或想法之间找到平衡。首先是对确定性的渴望，这是我们固有的想法。我们想弄清楚未来会发生什么，所以我们就向信任的专家求助，希望他们能准确地告诉我们未来是什么样子。"

"正是因为这一点，人们在不该相信预测的时候相信了预测。"我补充说。

"没错,"丹说,"未来是不确定的,任何事情都可能发生,这是我们需要平衡的第二个想法。两种观点都不是百分之百正确,关键是要在二者之间取得平衡。"

"要达到这种平衡,你有什么建议呢?"我问道。

"保持谦逊,"丹坚定地回答说,"确定性是一个大错误。但是,谦虚的人取得成功的机会要大得多。如果有人问 5 年后会发生什么事,他们首先会说不是很清楚。然后,他们会告诉你自己的思考过程,接着讲如何尝试回答这个问题。"

"我一直都是这么告诉学生的,"我说,"这不是关于如何预测准确,而是要把事情做正确。"

"在我们朝着未来前进时,我们不能害怕,更不能低着头,"丹在结束谈话时说,"我们不能因为对未知充满恐惧,就一直盯着自己的脚。人们需要抬起头,着眼于未来,对即将发生的事情进行规划。"

深入研究未来投射过程

第一步:未来的你——创造关于自己的未来的故事

人类塑造的一切杰作,无一不是首先源自想象。投射过程的第一步是问自己一个基本问题：我想要的未来是什么？这听起来非常简单，但是对我的许多客户而言，却是最难跨越的障碍。他们根本不知道自己想要什么样的未来。之所以不知道，是因为从一开始他们就不去思考这个问题，上一章分析过其中的原因——他们认为未来是固定不变且不可避免的，他们太害怕甚至不敢思考未来。

即使人们认为自己可以想象未来，往往也缺乏将想象中的未来变成现实的平台。未来投射既赋予他们想象的勇气，也提供了所需的平台。

因此，第一步，想清楚你想要的未来是什么？思考这个问题时要尽可能详细和具体，这一点很重要。

我曾经和一个叫蒂姆的人共同探讨过。他在40岁时发现身体状况糟糕到了极点，但是生活中的其他方面都还不错——婚姻美满、孩子可爱、工作稳定，健康每况愈下是他面临的主要障碍。

"你想要的未来是什么？"第一次见面时我问他。

"我想拥有健康，"蒂姆回答，"我想过上更健康的生活。"

"好，那到底是什么样子呢？"我问道。

"我不确定。"他说。

我告诉他要想清楚才行，然后问了他一堆引导性问题。我不是私人教练，也不是营养专家，但仍然可以帮助蒂姆对未来健康进行具体思考。因此，我们第二次见面时，他带来了自己的计划。

"好了，BDJ，我们开始吧。我今天的体重是102千克，我想把体重降到 86 千克，这是我在大学打曲棍球时的体重。我目前的胆固醇水平是 256mg/dl，目标是 195mg/dl。甘油三酯是 217mg/dl，我想降到 150mg/dl 或者更低的水平。就拿今天来说，我爬一段楼梯后累得喘不过气来。我的目标是在 5 个月内用 25 分钟跑完 5 公里。"

蒂姆的行动计划不止于此，但是你已经有了大致的了解。为了开始研究未来，你需要具体的细节。我在前面提到把细节写下来非常重要，最好是用纸和笔，至少也得打印出来。动手写有助于思考，而看清自己的短期目标和长期目标，则是向前迈了一大步。

如果遇到困难，两眼盯着白纸发呆，那就不妨换个角度解决问题，问问自己想避免的未来是什么。我对公司和企业多次采用这种策略，这些组织的领导者经常担心网络攻击或货币崩溃等带来的消极后果。他们不希望自己的业务受到这些因素的不利影响。我把这种方法称为"威胁投射"（threatcasting），它是未来投射的一个子集，也容易应用到个人生活中去。

也许你想避免的未来，是没有足够的资金维持目前的生活水平；或者，你担心自己的婚姻会破裂。很多人担心的往往是一些通过长远的思考就可以避免的问题。通过思考，能够对自己想要的未来进行逆推。无论采取哪种策略，重要的是尽可能具体。记住，你是在给自己讲述关于未来的新故事，任何好的故事都必须包含大量细节。

关于如何在这个过程中讲故事，我最后再说一点：未来是强大的。我对待工作的态度非常认真。25年来，我一直都在观察未来。我看到从大型组织到普通人都改变了自己的未来，每次都从中感到谦卑。任何人都能改变自己的未来，包括你。

这种思维能带来改变生活的力量。我们都知道，梦想是神奇的，可以激励我们；如果是噩梦，它会让人内心产生恐惧。梦想能触动心灵，但普通的故事并不能。

这是我对你们提出的挑战：敢于拥有一个不同的梦想——一个真正想要的未来的梦想，因为这是可以实现的。如果能拥有一个大胆的新梦想，而且真正相信它，你就会改变自己的未来。

第二步：未来的力量——推动你自己走向未来

未来不会凭空发生，我将在书中继续强调这一点。未来是由推动生活向积极或消极方向发展的力量所塑造的。一旦构建了自己想要的新未来，就需要找出实现目标所依赖的具体的力量。

如前所述，这些力量分为三类：人、工具和专家，分别花时间去探索并确定每一种力量是关键所在。对此，我不想粉饰。未来投射之旅需要做大量工作。这需要投入密集的劳动，耗费大量的时间。如果与大客户合作，我会留出3至6个月的时间"驱动未来"。

也许你不用严格按照这个周期来，但你也不可能在一个周末就做到。你需要全面研究和深入思考。更重要的是，深入思考不同于以前经常做的那种思考，你的大脑需要重新被激活，你的肌肉需要适应新的锻炼。每个人都是不同的个体，而我给客户的建议是至少留出 2 周时间启动上述程序。另外，要认识到这永远都是一项进行中的工作。开始迈向自己想要的未来后，你需要时不时地重新审视自己的计划。

这个过程会让你感到不舒服。任何有意义的事情，特别是与未来有关的事情都会让你感到些许不安。如果感觉颓丧和焦虑，甚至偶尔会紧张到出汗，这就表明你正在做正确的事情。这才是真正的改变。我告诉客户这个过程当然很难，也令人不舒服。正因如此，我们才称其为真正的工作。也正因如此，这才非常重要。如果事情毫不费力，我们只能说那是在看电视。

好了，我们开始吧。

人：打造你的团队

人是最重要的力量源泉。人塑造未来并非仅靠一己之力。要朝着设想的未来前进，你需要社会的支持、他人的帮助以及自己的团队。

在生活中，你可以依靠他人帮助自己走过这段旅程。首先是你完全信任的人和最关心你的人。家人和朋友是首选，同事也可以列入考虑范围。这里不存在神奇的数字，但我建议团队人数不少于 5 人，至少开始时是这样。

你确定团队后，需要单独和他们见面，分享你的故事。见面要尽量正式，比如周二下午1点共进午餐，周四上班前喝杯咖啡，周末比赛后喝杯啤酒等。我不希望上班时在大厅里相遇，边走边听你分享故事。未来是宝贵的，你得认真对待它。

你可以提前以书面形式分享自己的故事，也可以亲自讲述。不论哪种方式，都会让你感到脆弱无助。这是好事！因为真正的脆弱是与他人建立信任的最快途径。

为什么分享自己的故事呢？这里有两个原因。首先，它会创造一种责任感。分享故事会让故事成为真实的存在，这也意味着有人会正式监督你。我甚至见过这样的客户，他们在和朋友分享了自己的故事后，又去社交媒体上发布，结果人人皆知。关于社交媒体对社会的影响，我的态度有点矛盾，但在这件事上，社交媒体的确发挥了价值。

其次，除了带来责任感，与团队分享自己的故事也可以获得反馈。寻找团队成员时要记住这一点。你需要的成员要敢于说出自己的想法，并直接告诉你。他们中有些人会认为你的计划很棒，另一些人会试图找出漏洞。

关于未来的自己的故事，不仅有助于你实现未来，还有助于你识别生活中妨碍自己的人，因此影响巨大。如果有人不相信你的未来，而且原因不一定与你或你的项目有关，你也许会意识到你们的关系并不健康。

重点是在整个过程中保持心态开放，并仔细倾听。任何反馈，不管是好还是坏，都有助于完善自己的构想。你与团队的每一次对话都会巩固、拓展并最终帮助你看清自己的未来。与你共享未来的人将成为与你一路同行的盟友。记住，生活是一项团体运动。

那怎么找到他们呢？如果未来取决于自己组建的团队，那你会去哪里寻找成员呢？又该如何寻找呢？这个问题并没有一个简单的答案，但是经过多年的未来投射训练，我已经制定了几个对我有用的策略。

第一，坚持做到互惠，不一定非得把这些关系当成交易。记住，大多数人都乐于助人，所以不应以互相交换为基础条件。然而，最好搞清楚你能通过什么方式帮助那些曾经帮过你的人。目前他们可能没有任何需求，但是说明白你愿意在他们遇到困难时伸出援助之手，会让你们的关系更加稳固。

第二，始终做到凝聚众人。随着团队的发展，大家的共同之处会越来越多。当你发现可以通过相互认识的人获益时，要养成凝聚众人、建立联系的习惯。你的强大取决于你所能建立的人际网络，凝聚众人是改善人际网络、恢复健康和活力的好方法。

第三，避免有害的关系，这一点显而易见，但是很多人常常很难做到，从而对他们的未来产生了巨大影响。我经常说，"包容是一种美德"，但有些人根本就不理会你。有害是最危险的信号，通常表现出不同的形式。最常见的例子是有人不支持你的未来构想。

他们也许对你的抱负心怀嫉妒，也许缺乏创造性眼光，他们看不到你正在尝试的事情有朝一日会取得成功。不管出于什么原因，他们都对你的成功构成威胁，所以你得将他们踢出团队，甚至让他们远离你的生活。

第四，重要的规则是保持真实。真实是未来投射中最重要的因素。首先要对自己真实，允许自己怀有远大梦想。其次要对自己遇到的人真诚，我经常给害羞、矜持的人提这条建议，他们一想到融入社会就会抓狂。如果你性格内向，不要认为在社交活动中应该假装外向。保持自己的谦卑，那些适合你的人会欢迎你的。最后但并非最不重要的一点是维系人际关系。未来投射并非一次就能完成。我的确认为它可以成为一种生活方式。因此，要随时留意能给自己带来价值的潜在的团队成员。在会议或宴席上我会遇到一些人，我十分欣赏他们的见解和观点，这种情况已经数不清有多少次了。我总是会跟他们交换联系方式，并在接下来的几天做简短记录。就这样，他们从认识的人变成了我的团队成员，在未来的某个时间，我可以随时调取他们的专业知识为我所用。

你已经开始了。第2章的闪问练习是第一步，能有效帮助你确定想要的人、组建团队、内心自洽，从而思考自己的未来。能够和那些支持你、思想开放的人谈论未来是关键。你可以把自己的未来告诉他们，也让他们谈谈自己的未来。这种交流很神奇。你们将以积极的方式影响彼此。在和一个人谈话后，如果你感受不到动力和支持，那就退一步，考虑是否应该让这个人加入自己的团队。

专栏

快速反思：令人不愉快的对话

每当你对不愉快的对话进行反思时，不妨问自己以下几个问题。

- 为什么对话会变得不愉快？
- 这个人是持否定态度还是为了否定而否定？他不赞同你的主要想法吗？
- 你觉得出乎意料吗？
- 他是在挑衅吗？你从中学到了什么？

你与他人以及与自己团队的对话应该是积极的。有时，这些对话也会具有挑战性，让人感到不舒服。被无视和被质疑存在重大区别。有人无视你，是因为没有认识到你的价值。这种情况非常糟糕，要远离这类人。但是，如果有人挑战你，是因为心存善意，让你以不同的方式看待世界，那这就是一份馈赠。

人不喜欢不舒服的感觉。你在做第 2 章的练习时可能已经明白了这一点。尽量适应不舒服的感觉。你不一定非得同意对方的观点，但是如果你真想从谈话中获得最大收益，保持好奇心非常重要。首先承认对方刚刚说的话让你不舒服，然后解释原因，接下来告诉他你重视他所说的话，请他再解释或者重新表述一下。

通过这种对话，我们就会改变、成长和学习。不舒服的对话会影响未来的愿景，也会让这一愿景更容易实现。为团队找到合适的人选，让那些可以进行不愉快的对话的人帮助你把未来变成现实。

一旦组建好团队，就要考虑让成员参与对话的最佳方式。有一些人愿意表达，而且健谈，也有一些人可能不知道如何应对。我经常遇到这种情况，哪怕是那些为我支付高额咨询费用的公司和企业。这些人的反应各不相同，有的人心存戒备，有的人感到紧张，有的人公然挑衅。我从不认为这是针对我个人的，你也不应该这么认为（即使你们的谈话涉及更多私人问题）。如果你真的很看重一个人的意见，但是认为他可能难以表达，那么准备一份问题清单就尤为重要。你可以问他"我描述的未来对你有意义吗"，或者"我说得够详细吗"。我最喜欢问的一个问题是："如果你是我，为了实现这个未来，你会如何迈出第一步？"让团队成员设想自己站在你的立场上，这会帮助他们参与这一过程，释放压力并回答所有问题。在谈话结束时可以直接问:"你认为这样可行吗?"你是在给对方机会,让他说出心中可能存在的任何疑虑。

工具:收集资源推动自己前进

组建团队并获得反馈,对塑造自己的未来非常重要。但是,除了人之外还可以借助其他力量。比如工具,这些工具不是指人,而是指物质资源。通过工具赋能,你可以创造新的未来,并随着时间的推移维持新的未来。

工具分为不同的类别。由于每个人的未来各不相同,因此根据正在塑造的模型,可以赋能的力量也有所不同。工具也有多种形式,网络工具通常以数字产品和数字服务的形式出现,旨在实现某种目标,比如帮助你寻找一份新的工作,或者建立恋爱关系,又或者解决财务问题……还有一种工具也许是一个机构,比如可以促进工作关系的行业组织。对于渴望改变社交生活的人来说,工具也可能是社区中心或当地宗教机构。

当你开始确定工具时,如果最初觉得列表太长或太分散,不用担心,在整个过程中,你会不断改进和界定。我们举个例子。假设你想换工作,按照你为自己设想的未来,你也许会从金融转向教育。你从朋友和家人那里得到了建设性的反馈意见。现在,你需要一个更加明确的方向。你的工具清单可能包括一两本关于当前教育状况的书、一个你所在地区的教育工作者社交小组以及可以帮助你应对收入减少的财务软件。

我需要补充一点，在这个过程中，这一阶段需要至少两周的时间，但并不总是直线前进。在此过程中，你的工具可能会随着个人的发展而变化，你的未来也开始变得明朗。人们经常会从一种资源转向另一种资源，但是就像航海一样，尽管会有往返，人们总是会利用每一种新工具助力自己沿着正确的方向前进。

实际上，从一种资源转向另一种资源是驱动未来的一部分力量。它与这样一种观点有关：生活中任何有意义的过程都不是直线前进的。进程是容易变化的。我们从一个地方到另一个地方，从一个人到另一个人，从一种资源到另一种资源，其中的每一步都会让我们明白这个过程中的一些新东西，并且告诉我们下一步需要采取的行动。

尽管创建不同的未来要用到不同的工具，但是通过几种常见的做法能有效地提高利用效率。对于初始者而言，根据任务选择工具非常重要。如果打算砌墙，你需要的是一把泥铲；如果想制造靠背椅，就需要一台车床。未来投射也是如此。求职者可以从一系列网站和在线工具中做选择，比如领英和 Glassdoor；寻找爱情的人有多款交友软件可供选择，比如 Bumble、Tinder 和 Match；想寻找完美住所的人可以登录 NeighborhoodScout、Redfin、Zillow 等网站；如果喜欢做研究，可以去当地的图书馆找一些有用的书籍和文章。

考虑什么适合自己也非常重要。战略工具和资源多种多样，有的基于数据驱动，有的基于分析，有的基于情感。没有放之四海而皆准的东西。想想自己喜欢什么样的工作方式，自己在过去运用了哪些目标驱动策略获得成功。有些人擅长数据分析，因此软件工具可能是最佳选择。对那些情绪多样和情感丰富的人而言，使用记日记的工具可能是不二之选。了解自己，了解自己的工具，了解自己的未来。

提到资源，我倾向于把重点放在技术上，但是在驱动未来阶段，人仍然是有价值的，记住这一点非常重要。通常，人是最好的信息来源，他会自主查阅网站或接触组织。未来投射总是需要进行各种调研。如果在寻找工具的过程中陷入僵局，要赶紧打电话或发电子邮件向他人寻求建议。

最后，记住平等交换的原则。我在前文谈到互惠在团队建设中的重要性。同样的道理也适用于工具。如果能确认一个组织有助于自己的未来投射，请研究一下通过什么方式可以给它提供支持，最好是在接触它之前做好研究。如果你想加入一个社团，那就看看在即将举行的活动中是否需要志愿者，而且要在第一次见面或者打电话时问清楚。这样做，你会更受负责人的青睐，更快地打开机会之门。

专家：寻找有经验的人

在驱动未来的过程中，形势将逐渐明朗，你应该着手准备行动计划。最后一种力量是专家。专家会给你指明方向，提供实现未来所需要的信息。

近年来，专业知识、科学以及基于事实的信息都受到了一些攻击。我不想深入讨论这个充满政治色彩的争论，但我认为，在未来投射的背景下，专业知识极其重要，因为未来投射需要丰富的经验。1999年，一本名为《人是如何学习的：大脑、心理、经验及学校》的杰作出版，现在我仍然鼓励我的学员去阅读这本书。我最喜欢其中的一段："专家注意到了信息的特征和有意义的模式，但是新手却注意不到。"[1] 这种模式识别对未来投射非常有价值，也正因如此，专家在整个过程中都是最终的力量，而且在很多方面都是强人的力量。

首先去寻找有类似经历的人。想想前面提到的蒂姆，他40多岁，身材走形，他是我的客户，他做的第一件事就是寻找那些成功恢复身材的中年人。在四处打听之后，他找到一位大学时的队友，他们有着相似的健康问题。通过几次谈话，蒂姆扩充了完成自己任务所需的专家名单，包括一个定制健身计划的私人教练、一个改善饮食的营养学家和一个帮助维持身心平衡的瑜伽教练。每个人的未来都与众不同。你的未来跟蒂姆不同，也跟其他人不同，原因很简

---

[1] National Research Council, *How People Learn: Brain, Mind, Experience, and School*,eds. John D. Bransford, Ann L. Brown, and Rodney R. Cocking（Washington, DC: National Academy Press, 2000）, 31.

单：你的生活属于你自己。同样，你的专家名单也是独一无二的。

有了自己的专家名单后，下一步就是寻求他们的帮助，尽可能多向他们学习。这是整个过程中的海绵阶段，甚至比从自己团队成员身上吸收得还多。你需要尽可能地领会每个细节。如果你想拥有与某位专家一样的未来，那就尽力弄清楚他是怎么做到的。即使他的未来与你的愿望不相符也没关系，只要他的交际圈、经历、见解和人脉对你有帮助即可。

就像未来投射的大多方面一样，过程可能会让人不舒服，尤其是当你的专家名单中包含陌生人的时候。我已经说过，这项工作困难重重，它意味着你要迫使自己走出舒适区。这不是看电视，这是实现自己的未来。

当你开始与专家交谈时，你会发现一件令人惊奇的事情：人们喜欢帮助他人。专家们喜欢分享自己从工作中获得的知识。尊重他们的时间，在见面之前做好准备，这一点很重要。如果照此去做，我想你会惊讶地发现他们是多么乐于倾囊相授。任何成功人士都知道，与充满激情、志趣相投的人建立联系可以帮助他们取得成功，这对每个人都有好处。这些专家将成为你的导师和合作者，有时甚至成为你的新朋友。

那么，从哪里寻找专家呢？说到底，他们也是人，所以建立团队的规则——比如建立人际关系网和互利互惠——同样适用于他们。但是在大多数情况下，你想要接触的专家都是陌生人，而且常常是位高权重的人。这意味着你需要多想想办法。

在生活中跟任何人初次见面之前，都应该做好充分准备，但是如果你非常重视要见的这个人的专业知识而且希望从中受益，那么精心准备就至关重要。了解他们的背景和关键细节（他们在哪里成长，在哪里上学，在当前的职位上干了多久）将有助于早期阶段的对话，而且能向专家表明你对他真的感兴趣。此外，我们必须承认谦卑非常有用，尤其是在面对位高权重的人时。

列出一系列问题是准备工作的一部分。本着谦卑的精神，不要羞于询问专家的生活和经历。"您取得今天的成就是通过什么方法？""为了成功，您采取的最重要的步骤是什么？""一路走来，在帮助过您的人中，谁最重要？"一定要利用专家的人脉和经验，看看是否有他认为你应该联系的专家。

仔细倾听也很重要。这一点显而易见，但是在紧张的时候，我们常常会说得太多，而明智的做法是默默倾听。作为准备工作的一部分，简单阐明会见专家的原因和自己希望了解的东西，然后给专家足够的分析时间。准备好一些后续问题，以防专家不会像你希望的那样侃侃而谈。并非所有的专家都是外向性格，要获得信息，你可能需要多想想办法。

一旦进入房间，要尽量放松，保持自信。的确，你应该尊重专家的时间、知识和专长，但这并不意味着你必须放低目标。记住我说的，大胆去构思未来的故事非常重要。在与专家见面时，你同样需要自信。如果自信有根有据，我认为不会有人试图贬低你。如果有专家出于某种原因贬低你，你很快就会明白这个人肯定不适合你。

第三步：开始逆推

你已经对自己的未来有了清晰的构想，也明白了推动自己实现目标的力量。这时就可以开始逆推，思考实现目标所需要的精确步骤。

我总是对这个过程备感欣喜。经过数周的研究、采访和认真提问，最终完成未来建模。接下来就该切入正题，运用我们学到的知识去制订具体的行动计划。这就是应用未来学家的意义所在。

这个过程似乎令一般人心生畏惧。你会觉得现在的状况和你为自己设想的未来之间存在巨大差距。相信我，这个差距没有那么大。

逆推是缩小差距的秘诀，它可以确定实现目标需要采取的具体步骤。再次强调，细节至关重要，因为细节能将你的未来从抽象变为可行。通过关注细节，人们就不会觉得差距巨大。

首先，我建议你把行动分为三个阶段：

- 半途
- 1/2 半途

- 星期一

这是我几年前画的一张图，目的是帮助一个客户看清从现在走向未来的过程。

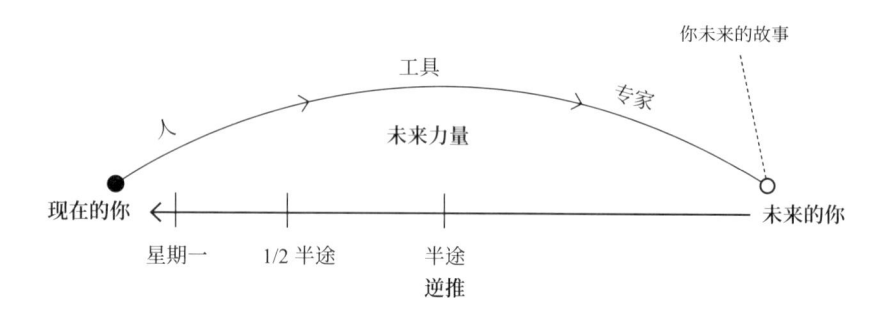

```
                    工具                你未来的故事
              ↗           ↘ 专家
          人      未来力量      ↘
    ●————————┼————————┼————————○
   现在的你  星期一  1/2半途   半途          未来的你
                            逆推
```

我现在把这张图送给和我并肩而行的所有人，包括你。希望它能让你相信改变未来这个任务其实并没有想象中艰巨。接下来，让我们更详细地了解如何进行逆推。

确定半途

在开始这个过程之前，我希望你问问自己：在你目前的状态和最终目标之间有一个中间点，要抵达这里需要做什么。我们以换工作为例，这是我经常被咨询的问题。假设未来的终点是找到一份满意的工作，这个过程从头到尾花费 18 个月时间。半途在哪里呢？9个月过去了，也许你终于做好准备向雇主提出辞职。或者，你已经准备好更换职业所需的课程。在半途中，如果细节仍然有些不确定也没关系。未来仍然相当遥远。启程后你会发现问题，回过头来修改行动计划，补充更多细节，因此目标要尽可能具体。

下一站：1/2 半途

有了实现 50% 的未来想法后，下一步就是实现目标的 1/4。这个目标应该更容易看清楚。对于换工作的人而言，这可能包括确定并申请三个继续教育项目，这是胜任新工作所需要的。

找到 1/2 半途是令人兴奋的，因为这常常是你朝着新方向迈出的第一步。正是从这一刻起，你将正式把不喜欢的现在抛在身后，开始朝着想要的未来前进。

最后：星期一

现在，我们来到了"星期一"，换言之，就是要马上采取行动。这是整个过程中最简单的部分，因为你通常不会讨论重要行动。也许是在银行开一个单独的储蓄账户，把钱存起来，以备将来参加课程或者在没有稳定收入时救急。"星期一"还可以让你再次审视驱动未来的过程，例如完善你的未来故事，或者调整故事完成后的分享人名单。

无论你如何看待"星期一"，重要的是开始采取明确的具体行动。一旦离开起点，你就会发现未来离你更近了，比你想象中更有可能实现。

未来投射的秘密：一切都与过程有关

未来投射帮助人们预见自己想要的未来，确定推动人们前进的力量，找出实现目标的具体步骤。简而言之，这是一个过程。

但这不是一个很快就能完成的过程。我告诉客户，如果他们能在一天之内想象、设计和构建自己的未来，他们就大错特错了。实现想要的未来需要付出努力。

当你经历这个过程时，你会继续回顾自己所取得的成就。你会重新阅读关于自己未来的故事，确保它仍然准确可行。也许你掌握的东西需要修改、完善或添加更多细节。你的生活中可能会发生一些事情，或者你可能会接触一个新概念，启发你调整自己的故事。没关系。未来的你总是在变动之中。你做出改变，未来的你也会做出改变。这个过程允许每个人继续探索自己想要的未来，而不是局限于单一的未来。事实很简单：未来意味着变动、努力、过程，会一次次把你带到自己想去的地方。

你已经知道了这个过程，那我现在介绍一下苏珊。她曾经和我一起探讨过，她想做出改变，但不确定自己想要什么。和我们许多人一样，苏珊只知道自己想放弃正在做的事情。她无法接受自己的现在，但她的未来却不明朗。我们一起用未来投射法分析她未来想做什么，以及如何实现这个目标。

在开始之前先说明一下，我不是医生，但是我对每个与我交谈的人进行保密，这与训练有素的治疗师或内科医生为患者保密相似。出于对人们的隐私以及他们对我的信任的尊重，我已经更改了本书提及的所有人的名字及其生活细节。不过，你即将遇到的每一个人，包括芝加哥的苏珊，都是真实存在的，他们的未来都需要重新塑造。

清楚自己以后想做什么

那是一个星期三的上午，我急着去赴约，一阵阵冷风穿过芝加哥的街道。那是入冬以来第一个真正寒冷的日子，我穿得很随便——如果你是靠想象未来赚钱的人，这可不是什么值得骄傲的事。但是，除了从密歇根湖吹来的寒风之外，在这座多风的城市，这算得上是晴朗且美好的一天。

我离开热闹的街道，走进咖啡店。时间已经是 10 点半，店里暖洋洋的，令人放松，但是充满嘈杂的声音。你可以想象店里的顾客都是什么身份：学生们戴着耳机敲打着电脑键盘，游客们围坐在桌子旁，沉浸在复古的波希米亚氛围中讨论一天的观光计划，还有一些职场人士用手机接听电话或安静地回复邮件。

我来这里是为了见一位私人公司的客户。她叫苏珊，40 多岁，是一家大型科技公司的营销主管。我们是在几年前的一次会议上认识的，偶尔有过合作，但大部分时间都是通过社交网络保持联系。距离我们上次联系已经有 6 个月了，她突然主动约我喝咖啡，我有些摸不着头脑。

我在店里没看到苏珊，就从咖啡师那里迅速拿起一杯黑咖啡，在一张空桌子旁抢占了座位，其他餐桌几乎都有顾客。几分钟后，苏珊怒气冲冲地冲进门，径直朝我走来，扔下包，快速地拥抱了我，然后跑过去要了杯绿茶。

苏珊给人一种风风火火的印象，但我清楚这只是表面现象。她是一位非常成功的高管，在她的公司、整个行业乃至国际领域都很受尊敬。尽管如此，我还是能感觉到她有些不对劲。

当她回到餐桌时，我微笑着问："我能帮上什么忙吗？"

"我不知道我以后想做什么，"苏珊不自在地笑了笑回答道，"真的，BDJ，我一直在考虑这个问题，我真的不知道以后想做什么。"她深深地叹了口气，用勺子搅了搅绿茶。

我以前来过这家咖啡店很多次，见过很多其他客户。他们在这里第一次尝试去想象自己的未来，但是他们能看到的只是一个巨大的、空荡荡的黑洞。对他们来说，未来太可怕了。对我来说，却有点令人兴奋。这意味着游戏开始了。

"我知道自己不想继续做现在的工作，"苏珊继续说，思路一下子回到了现实，"不要误会我的意思，我喜欢这份工作，也喜欢同事，但我从没想过我会在 46 岁的时候还在继续做这种工作……"

"说得有道理，"我回答，"那我怎么帮你呢？"

"你觉得我该怎么办？"

职业建议无疑是我和别人谈论最多的话题。他们想知道自己应该如何生活。或者，他们的孩子应该如何生活。再或者，就像苏珊一样，应该如何放弃最终选择的这份工作，去寻找一份理想的工作。

这些问题都很棘手，因为从本质上讲，它们与工作或职业规划无关。相反，它们引出了大多数人最难回答的问题：什么能让你快乐？

幸福难以捕捉。的确，要获得幸福太难了，甚至有大学课程和研究项目专门研究它。几年前，我向该领域的一位顶尖专家寻求指导，希望帮助人们找到快乐的源泉。

斯科特·克鲁捷是亚利桑那州州立大学朱莉·安·里格利全球可持续发展研究所的助理教授和高级可持续发展科学家。他专注于制定可持续发展的新路线，尽可能创造获得幸福的机会。在一个美丽的冬日，我在亚利桑那州坦佩的沙漠里遇到了他，趁机向他请教关于幸福的事。

"幸福是一个光谱，"他靠在椅子上说道，"一端是悲伤，另一端是满满的幸福。幸福就是在中间找到平衡。"

"所以，当人们努力决定如何生活的时候……"我的声音越来越弱，接下来我更具体地说，"在试图通过未来职业生涯审视自己时，他们应该用什么办法帮助自己完美实现平衡呢？"

斯科特举起两根手指，说道："有两件事需要考虑，那就是快乐和目标。你需要知道其中的差别。快乐很容易，现在就可以去大街上尽情地找乐子。我们的世界充满了快乐。问题是，纵欲是直接而空洞的。这不会使你幸福。"

我回答说："既然快乐不是关键，我能假设目标是关键吗？"

"的确可以，"斯科特回答，"目标是你前进的动力，会让你觉得有意义。它会让你心怀憧憬，梦想成为心目中的自己。在面对复杂的生活时，你就能把这种憧憬牢记于心。"

我想起这些年来遇到的许多人，至少从表面上看，他们似乎拥有一切——家庭美满，住宅宽敞，银行有存款。唯一缺少的是真正的满足感。通过对这些人进行分析，我意识到他们都是苦于没有目标。

"这么说，如果有了明确的目标，通往幸福的道路就会变得清晰？"我问道。

"是的，没错，"斯科特微微一笑，"充满快乐的生活没有错，但从长远来看，它不会让你幸福。"

我心里回想着这段对话，便问了苏珊几个问题，让她思考自己的目标。我需要她想象一种能让自己幸福的未来，在接下来的几十年里，她想把时间花在哪里。

我们谈了一会儿，从一个话题换到另一个话题，但是很明显，苏珊正在努力理清头绪，最后，我问了一个我认为她能回答的问题："你想成为富人吗？"

"你说什么?"她问道,这个问题显然让她大吃一惊,"我是说,谁不想发财呢?难道不是每个人都想发财吗?"

"当然,每个人都想发财,"我回答,"但是几乎没有人知道自己想成为什么样的富人。"

"这是什么意思?"苏珊斜着眼睛问。

"我这么问吧,"我说着,又喝了一口咖啡,"你想成为游艇富翁吗?"

"游艇富翁?我还是不太明白你的意思。"

"你想变得非常富有,拥有一艘游艇吗?这个问题非常简单。"

苏珊想了一会儿,摇摇头说:"不,我不想要游艇。我甚至不知道该把游艇停放在哪里。"

"很好。这是开始。你想成为豪宅富翁吗?"

"哦,你的意思是我想拥有一套豪宅吗?"她问道。

"没错。你想变得非常富有,拥有一套豪宅吗?带有游泳池、网球场和同时可以停放5辆车的车库,以及足够多的管家帮你照看。你想成为这样的豪宅富翁吗?"

"老实说,这听起来不错,但可能会让我的丈夫帕特里克感到退缩。"

这里需要解释一下,定义未来需要特别重视细节。为了说明这一点,我告诉苏珊,我曾经帮助一个全球供应链贸易协会共同制订数字未来计划。该组织的负责人知道,自动驾驶汽车、大数据和人工智能等技术将彻底颠覆传统供应链。但是为了应对这些根本变化，他们不知道采取哪些具体措施。在预测了未来的种种可能性之后，我帮助他们确定了必须创造的新角色，重新培训现有员工，尽可能减少被迫裁员，增加整个行业的透明度和可持续性。

我告诉苏珊："当你想象自己的未来生活方式时，同样需要注意细节。说想发家是不够的，你需要知道自己想成为哪种富人。是有钱购买豪宅，还是有钱偿还按揭贷款、缴纳大学学费、安享退休生活呢？"

我和苏珊继续谈了一会儿，更详细地讨论了她的未来。她不想再当营销主管，不想在大公司工作。不幸的是，弄清楚她到底想要做什么——也就是她的目标——却更加难。这不是那种喝杯茶就能解决的问题。不过，万事开头难。未来投射已经开始，这一点非常重要。

我说道："我们今天就到此为止，下次接着谈，怎么样？"

"好，"她回答，"只是别忘了带上你的水晶球。"整个上午，她的眉头第一次变得舒展，脸上甚至露出一丝微笑。未来还不明朗，但我能感觉到她的欣慰，她已经开始认真思考了。

那天上午我和苏珊的谈话有点绕弯子，但我的意图非常明确：让她迈出未来投射的关键一步，创造她的未来故事。苏珊不知道自己想要什么，但她知道自己想要改变。我提出的那些问题是想迫使她更详细地考虑自己的未来。对于构建未来而言，"不再继续当下正在做的事情"是远远不够具体的。有时，探讨你想要的改变会产生什么影响是有帮助的。因此，我问苏珊是否想成为"游艇富翁"。"我喜欢问人们这个问题，因为这会让他们猝不及防，在这个时候，人们更容易说得具体，只有这样，他们才会认真思考自己想要的未来。

6个月后

我回到了芝加哥。空气有点湿润，弥漫着春天的气息。我在市里转悠时，抽出时间询问苏珊的情况。她一直通过Skype和电子邮件告诉我未来投射的进展，但是我想亲耳听她讲讲整个情况。

这次我们见面的地方是郊区的一家比萨店。时间是下午两点半，比萨店非常安静。午餐高峰已经过去，但是享受饮料降价的欢乐时光的人们还没有到来。

我开口问道："你的情况怎么样？"

"我辞职了。"苏珊说，脸上洋溢着幸福的笑容。

"是吗？"我问。在最近的沟通中，我没有听说这件事。

"是的，两天前辞职的。我还没有公布，但是我应该告诉你，因为这一切都与你有关。"

"噢，这一点我可不知道。"我抗议道。

"不，真的有关，"她向前探了探身子说，"我接受了你的建议，和丈夫坐下来讨论了我们想要的未来。有趣的是，这一点并不难。

可是我们之前竟然没有讨论过，想想真是可笑。"

基于总体工作前景和自己行业的具体发展方向，苏珊决定进行重大调整。

她说道："一旦搞清楚自己想要的未来，一切似乎都豁然开朗。"她一边吃着满盘的奶酪香肠比萨，一边继续向我讲述细节。

去年冬天喝完咖啡后，苏珊开始进行未来投射，想象着未来可能会是什么样子。她的第一步是扩大社交网络。处于职业生涯中期的人很容易困顿、厌烦，因为周围都是同样的职业人士。拿苏珊来说，这意味着她身边有许多高层营销人员，他们唯一关心的就是公司的盈亏。

她已经开始与自己下一个团队的同事一起喝咖啡、吃午餐，这些人来自初创企业、非营利组织、非政府组织和其他单位。和人们简单谈谈自己喜欢或不喜欢的职业，就能让整个经历感觉更真实，也有助于完善自己理想的未来职业道路。

"在这个过程的某个时刻，也许见面谈了十几次之后，我觉得自己的整个人生正在发生改变。"苏珊说。

"你的看法变了。"在我帮助客户的过程中，这个时刻总是令人欣慰。我经常想，这和精神科医生发现病人终于实现突破时的感觉肯定是一样的，这可是期待已久的事情。

"的确变了！"苏珊回答，"你知道，我在企业界取得的所有成功仍然让我感到自豪，但是我意识到意义不大。"

"目标高于快乐。"我说,指的是我们之前的谈话和斯科特·克鲁捷的教诲,他被称为"幸福教授"。

"没错,"苏珊表示赞同,"一开始,我们甚至不敢去设想一个不同的未来,因为薪水已经给了我们一切。什么都有,就是没有目标。一旦我做出改变,把目标作为重点,种种可能性就摆在了面前。"

几周之内,苏珊的未来开始变得更加清晰。她知道,她想利用自己管理大公司的经验,帮助其他人找到成功之路。她并不想创业,但她确实想帮助其他人创业并走向成功。最重要的是,她想帮助下一代女性商业领袖在这个世界上找到自己的道路。

现在苏珊对自己未来的故事有了清晰的认识,她准备和其他人讨论。这让她坚定地进入了第二个阶段:确定必须利用的未来力量,以实现未来的生活。苏珊以前从未做过管理顾问,所以她开始探索各种推动自己成功的力量。

她阅读了一些书籍和文章,仔细研究了一些相似的职业转变案例。她继续利用现有的网络和新找到的专家,与她尊敬的业内专家建立联系。当她和更多的人分享自己未来的故事时,他们的积极反应让她受到鼓舞。她很有声望,有几个同行甚至当场想聘用她。但她知道,要让自己想象的未来成为现实,还有更多的工作要做。

"经过所有的会面和谈话,最终我认识了一位导师,"苏珊继续说,"过去几个月,我们一直在制订过渡计划。这个导师自己也经历过类似的职业转变,所以在她的指导和支持下,我一直在考虑成立一家咨询公司，只与我尊重并致力于职场平等的公司合作。"

我说："这肯定能推动未来的工作发展，也有助于零工经济的发展。另外，这种工作在任何地方都能做。"

"没错！"苏珊喊道，"我和帕特里克已经在考虑其他城市了。"

这项工作将苏珊带到了第三个阶段，也是最后一个阶段，即逆推。逆推将确定实现未来所需的具体步骤：半途、1/2 半途和星期一。正如苏珊解释的那样，她的逆推计划中"半途"包括为媒体撰写文章、在社交媒体上保持活跃度、在论坛和其他行业活动发表演讲，从而在咨询领域确立信誉，积累专业知识。

为了实现这些目标，苏珊需要先形成自己的观点，拿出一系列案例推广自己。这将是 1/2 半途。接下来是星期一，她需要马上开始行动，启动未来。

"我家里有一大堆研究工作等着我去做，我需要整理一份会议议程，一旦准备就绪就得争取机会发言。这个工作还在进行，"苏珊承认说，"不过现在我已经向公司提出辞职，准备大展身手了。"

"兴奋吗？"我问。

"肯定啊，"她回答，"不过还是有点紧张。从一开始我就让帕特里克参与进来，有他在我会很开心。我不知道靠自己能否实现未来。"

"我们谁也做不到，"我说，"配偶、伴侣、朋友、同行以及更广泛的群体——他们都应该成为决策过程的一部分。我总是告诉我的学生,'生活是一项团体运动'。这是好事。如果单打独斗,生活就会很糟糕,让人感到孤独。"

"我们必须在经济上做出一些牺牲,"苏珊在午餐结束时说,"但这是值得的。很多人都说已经看到我发生了巨大变化。为什么不做些牺牲呢?这就是我一直想要的未来。"

是时候像未来学家一样思考了!
闪问 2

你已经了解了未来投射的过程。我不能而且也不会告诉你你的未来,通过本章介绍的策略,你有能力也有工具去发现自己的未来,识别各种力量,采取必要的步骤实现它。苏珊的旅程将她和丈夫帕特里克带到了一个让人不适应但却令人兴奋的未来。其实,大多数人的未来都是二者的结合。

那么,如何应用这个过程?你想探索怎样的未来呢?这是我们在后面要讨论的问题。闪问 1 只是热身。热身是去健身房的第一天,是第一次慢跑。不要期望太多,你只是在试水。关于未来,我还有很多东西要告诉你,所以我不希望你现在就尝试完整的未来投射。但是,完成以下任务,你就是在打基础了。拿出日记或电子设备,这是将抽象的想法转化为可行的计划的最佳途径。好了,我们开始吧。

第一步：未来的你

写下你想要（或不想要）的未来

动笔吧，你知道我会让你写下你的故事。你没想到我布置的是一个简单的任务吧。请放松。你不用写一个关于未来的完整故事。针对本次练习，只写一个方面即可。它甚至可以是一个小目标，比如练习冥想或者参加读书俱乐部。但是在讲故事的时候，要尽可能详细和具体。例如，什么样的冥想？读书俱乐部有多少人？

针对不想要的未来，换用另一种方式去思考，可以这样问："有哪些特长是我不想继续发挥的？"

也许你现在的确擅长某件事，但将来你不想继续做这件事。

第一个练习的目的是更好地适应这个过程。细节对有效的未来投射至关重要。强迫自己去想象细节会让你的未来更加真实。当你讲述未来自己的故事和确定驱动未来的力量时，这些细节也会给你提供更多素材。

第二步：未来的力量

确定驱动你想要的未来的 5 种力量

在这一阶段，我希望你列出自己的团队成员、工具和专家。你不需要围绕这三种力量打造一整套行动计划。但是，试着在每个类别中找出一到两种未来力量。我将举冥想的例子，帮助你想出更为具体的问题。

▶ 问题1：团队成员

- 你有没有朋友或同事最近刚刚开始冥想，或者在生活中做出类似的改变，比如学习诗歌或吉他？

工具

- 当地有没有你可以参加的冥想小组？
- 有没有哪种应用程序可以给你提供帮助？

专家

- 你知道有人把冥想练习融入日常生活中吗？
- 他们写过书或做过演讲吗？

当你确定自己的未来力量时，仔细考虑细节和前面的步骤同样重要。督促自己写得具体些，写下团队成员或专家的真实姓名。列出可能的应用程序、团体或其他资源。这会迫使你去做一些工作，这些工作已经在驱动你的未来。

第三步：逆推

画出你的半途、1/2 半途和星期一

这个过程的最后一个阶段使用与前面相同的对话。为了实现未来，现在思考一下你将采取哪些循序渐进的步骤。下面举的例子反映了同一个冥想小组的想法，但还是填上自己的想法，在逆推时尽可能详细阐述。

▶ **问题 2：**
- 半途就是你上完课以后觉得可以冥想了吗？
- 1/2 半途可能是第一次上课吗？
- 星期一就是简单地列出能为你提供未来驱动力的人、寻找可能的应用程序和课程吗？

这些例子简单直接，这正是关键所在。练习的目的只是让你熟悉过程的每一步，然后把它应用到更大、更复杂的挑战中，比如更换工作、更换城市或寻找爱情。我向你保证，不论你想预测什么，这个过程都普遍适用。我对《财富》世界 500 强企业用过，对酒吧角落里那个显然遇到问题的小伙子也用过。

所以，从这些练习中寻找乐趣吧，但也要认真对待。当我们开启更沉重的未来话题时，我想你会看到未来投射给生活带来多大的改变。

接下来：你能掌控的事情

说到沉重的话题，控制（更准确地说，缺乏控制）会让许多人感到有压力，尤其是在涉及如何规划未来时。在第 4 章，我们将探讨让我们感觉无能为力的领域，比如财富、房地产和未来规划。问题越大，能够掌控的就越少，至少我们是这么认为的。但是，我经常预测那些似乎无法控制的全球大事件，比如冲突、流行病、经济崩溃等。我明白这个过程适用于任何事情。

04

你对未来的掌控超乎你的想象

既然你已经明白如何像未来学家那样思考，现在就把这种方法更广泛地应用到生活中去吧。为此，我想进一步探讨未来投射的一个核心理念，即未来是由人创造的。张开双臂拥抱这一点，它是推动未来投射的关键。

人们对未知的恐惧以及对未来的无力感，阻碍了他们改变未来的决心，更不用说构思实现未来所需要的步骤。他们坚持认为未来一成不变，其实这种观念大错特错。

人们有能力摆脱悲观绝望的心态，去构建未来。自己的未来需要自己创造；你能够创造未来，而且只能依靠你自己。你需要承认这个事实并采取行动。

还是不相信吗？那我从生活中举一个构建未来的例子吧。

专利 US20107673254——我和史蒂夫·乔布斯曾经有交集

智能手机改变了世界,我想没有人会否认这一点。强大的手持终端几乎影响了我们所做的一切。它改变了我们与家人的联系方式,也改变了我们的出行方式,还改变了我们约会、购物甚至认识世界的方式。

把你的智能手机拿出来,面对这个现代科技产品,回想一下第一次接触它的情景。当时感觉就像掌握了未来,对吧?我也有同感,而且我就是未来学家!

"拿着手机的时候,你在想什么呢?"我问过很多人这个问题。有些人告诉我,他们在想需要完成哪些工作;另有一些人在想他们喜欢的社交媒体应用程序上发生了什么新鲜事;还有几个人甚至开始讨论破裂的手机屏幕让他们感到多么尴尬。但是没有一个人回答"我在想那些制造手机的人"。

我明白其中的原因。谁会想到我们每天使用的设备是哪些人制造的呢?智能手机设计成流线型,外观很酷,重要的是使用方便。设计师认为客户无须知道制造一部手机要花多长时间,他们希望客户享受使用的过程。但是当我看到我的智能手机时,我确实会想到它背后的人。为什么呢?因为我曾经就是这些人中的一员。

2007年,苹果公司发布了第一代iPhone,一夜之间引起轰动,仅第一年就售出600万部。世界各地的苹果专卖店外排起了长长的队伍，人们想要成为第一批触摸神奇屏幕的人，享受那种兴奋的感觉。

我想讲一件事。拿起你的手机，打开联系人名单，这里存着电话号码和电子邮件地址。开始创建一个新的联系人，在空白处输入一个新号码。瞧！看到输入的文本是如何变成数字的吗？这是我的专利。

这是真的。US20107673254，专利名称引人注目："用于特定语境和语言的数据输入工具、系统和方法"。（记住，我学的是工程学，不是市场营销。）事情要追溯到2006年，也就是iPhone发布的前一年，当时我正忙着为电子设备设计新的界面。针对这个项目，我们团队的目标是想办法在小型手持设备上排列尽可能少的按键。我提出的方案以一种简洁高效的方式解决了这个问题，所以我申请了一项专利，现在世界上每部智能手机都具备这种小型数据包功能。

这就是我和史蒂夫·乔布斯以及成千上万个你从未听说过的人的共同追求。我们为智能手机这种革命性设备做出了自己的贡献，并由此改变了人们的生活方式。

我是这个数千人团队中的一员。我努力开发智能手机的功能，这跟每天构建未来如出一辙。不管是创造技术，还是构建未来，都需要按部就班。所有的人类活动，最终都归结于人，技术、商业和贸易就是如此，但背后的推动力都是人。正是基于这个原因，未来投射的第二步——利用未来力量——如此重要。找出能帮助你构建未来的人，然后与他们联系，他们会提供信息和动力，帮助你把未来的故事变成现实。

为了进一步说明，我想提出一个人们思考未来时过度焦虑的话题——钱。我们有些人担心没为舒适的退休生活攒下足够多的钱。另一些人的看法更加悲观，担心自己被解雇后会倾家荡产，走上破产法庭。大多数人的心态介于两种观点之间，不确定能否供孩子读完大学，能否维持他们如此努力工作所达到的生活水平。

通过本章，如果能认识到财富的未来取决于人，或者更具体地说，个人理财的未来取决于人，那么这些恐惧就很容易消除了。

公共专家

我总觉得上电视直播让人有点紧张。在职业生涯中，不说上百次，我至少上过几十次电视直播，但是每次走进演员休息室，我还是觉得心跳会加快。最让人焦虑的是在纽约参加一个聚焦金融话题的电视直播节目。纽约当时是世界金融中心，所以这场对谈就像是在华盛顿谈论政治，或者在洛杉矶谈论电影。每个人都是专家。

那是2011年的一天，我在一家有线电视台财经论坛的后台，准备跟几个特邀评论员做现场直播。我们在等待股市收盘，看看当天的情况。这是这座金融城市的另一个特点——总是与股票市场有关。哪只股票上涨？哪只股票下跌？股市收盘情况如何？股市开盘情况又会怎样？能否回答这些问题，决定了一个人金融职业生涯的成败。但是我们清楚一点：每个人真正想了解的不是股市今天发生了什么，也不是背后的原因。他们只想知道明天股市的情况，以及如何利用这些信息赚钱。简而言之，他们想知道未来。

现在你能明白为什么纽约的金融市场分析大师喜欢和我聊天了。唯一的问题（你现在很清楚）是我拒绝进行预测。我不是经济学家，也不是金融专家。我永远不会做金融预测，这让电视节目的制作人抓狂。但是，他们还是邀请我讨论未来。

那天我在后台做准备，脸上和头上都抹了粉。我已经光头几十年了，化妆师还是仔细地在我的脑袋上撒粉以免反光。我感觉有点奇怪，但并不在乎。

下午四点钟，收盘的钟声终于响起，我们准备开播。我被带到灯火通明的直播间，几个分析师等着谈论未来。在演播室明亮的灯光下，人们看起来一切正常，对此我印象深刻。在电视上，他们看起来既光鲜又专业，但是当一位认真的制片人戴着耳机领着你走到现场时，环顾四周，你会发现每个人看起来都像在杂货店排队或者在教堂祷告。他们都很聪明，通常语速很快，但也只是普通人。四位分析师坐成一排，我坐在最后的转椅上，节目马上开始。

"嘿，BDJ，未来研究得怎么样？"阿米尔问。他是经常被邀请来做节目的分析师之一。这不是我第一次上这个节目。那年6月，阿米尔的女儿高中毕业，我还帮她写过毕业演讲稿。

"欢迎回来，BDJ。"彬彬有礼的主持人贾尼斯点头微笑着说。

另一位分析师弗雷德也插话了，他双手紧握："BDJ，我们真想知道洋基队会不会赢得世界大赛。"

"你好吗，BDJ？"贾尼斯开玩笑说，"今天还是同样的话题。我们只想听听任何新产品的消息和你认为即将推出的新产品。"

"听起来不错。"我笑了笑。

"阿米尔，"贾尼斯继续说，"新公司刚刚宣布要裁掉三分之一的员工。"

弗雷德按下耳机，接听到制片人发来的一条新消息。"汤普森公司（化名）的理查德刚刚打来电话。"

"很好，"阿米尔摇摇头说，"《纽约时报》的凯瑟琳会去报道的。"

"今天上午桑迪在节目上说，首次公开募股将在12月进行。"贾尼斯补充说。

"这可不妙，"弗雷德说，"我们能给桑迪打电话吗？"

这种对话持续了几分钟。我坐在不舒服的转椅上，等着轮到我时紧张又兴奋地谈上几分钟。此时此刻，我突然意识到自己是在最受欢迎的财经节目之一的现场，而大家真正谈论的都是"人"。没错，他们正在谈论利率、估值等抽象的东西以及这些东西如何影响未来，但是如果深入研究，你就会发现这些信息其实都是关于人的。财富的未来取决于人。如果能找到合适的人，你就掌握了几乎任何事情的未来。换句话说，你认识的人是你成功与否的最大决定因素。

明白了这一点后，我想给你讲讲马多克斯的故事，让你进一步了解个人理财归根结底取决于人。

找到不再优柔寡断的方法

靠在会场的金属折叠椅上，马多克斯说："我想和你进行一次对话，但是以后我将彻底否认这次对话的内容。"

那是 2018 年 10 月的一天，我在波士顿参加"创业者现场"活动，这是一个备受瞩目的企业家活动。不久前我在纽约参加过一次，下一次将在伦敦举行。

"创业者现场"之所以有吸引力，是因为你永远不知道谁会上台，或者更重要的是，你会坐在谁的身边。我记得我第一次就坐在美国前副总统阿尔·戈尔和英国前首相托尼·布莱尔的身后，倾听他们讨论全球商业的未来。你知道，除非你亲眼见到阿尔·戈尔，否则你无法真正体会他的身材有多高大或者他对事实如何了如指掌。不过，那天布莱尔并未落下。

不管怎样，除了戈尔和布莱尔这样的名人，在波士顿的"创业者现场"，我身边还坐着取得非凡成就的普通人。我遇到一位大学生，她正在创办第二家创业公司，旨在改变食品的包装方式。我曾经和一位男士聊过，有一些银行家正在寻找女性创业者进行投资，而他就是主要的投资者，他发现，当首席执行官是女性时，投资带来的收益会更大。

下午休息时,马多克斯走了过来,一屁股坐在我旁边的座位上,叹了口气。我认识他好几年了,他是生物学家出身。当时,他新成立的公司正在利用合成生物学探索癌症的治疗方法。

没错,他在想尽办法"治愈"癌症。因此,不能说他没有任何作为。

"我是认真的,BDJ,"马多克斯继续说道,"我需要你的帮助。不过,如果你试图对任何人说我跟你谈过这件事,我会矢口否认的。"

"没问题,"我回答,"我该怎么帮你呢?"

"我想谈谈钱的事。"他低声说道。

"你知道我不是金融分析师。"我反驳道。

"我知道,"他说完,示意我安静下来。"我知道你所做的一切。我想让你跟我谈谈未来。我该如何了解未来的财务状况呢?更重要的是,如何了解我的家庭未来的财务状况呢?如果我去找财务顾问,我想他们会向我推销一些产品,但是你却不会。你会说你不是财务顾问。"他微笑着说,轻轻地拍了拍我的胳膊。

"你很了解我,"我回答,"我们到外面去吧,也许更加私密。"

"好主意,我们走吧,"马多克斯说着站了起来,"距离下一场会议还有 30 分钟。"

"是的。当然,我们有足够的时间讨论你未来的财务问题。"我调侃说。

我们走到午后的阳光下。阳光很强烈,但是在室内灯光下度过一个上午,现在感觉很不错。空气中有了秋天的感觉,海风从港口飘了过来。我们离开会场,漫步到海边。

专栏

专家访谈:金钱到底是什么?

在继续讲马多克斯的故事之前,我想先岔开一下话题,谈一谈"钱"。如果我问你钱是什么,你可能会下意识地联想到钞票或者账户上的余额。我们都知道钱是什么,我们每天都在花钱,我们每时每刻都会想到钱,深夜也不例外,但是深夜并不适合思考钱的问题。你清楚这种焦虑……如果我失业了怎么办?有钱供孩子上大学吗?如果我生病了怎么办?退休后的储蓄够用吗?

为了避免深夜为钱伤脑筋,我希望你记住:钱并不是钱。钱和其他东西一样,都和人有关。没有人,钱就不可能存在。

为了帮助大家更好地理解这一点,我拜访了我最喜欢的经济学家保罗·托马斯(没错,他是我非常喜欢的经济学家)。我和保罗都在英特尔公司工作过。我是首席未来学家,他是首席经济学家,我们在办公室发生过多次激烈争论。他还是一名教授,并且在美国大陆航空公司担任首席经济学家。但是,这并不是保罗成为我最喜欢的经济学家的原因。多年来，我与许多经济学家合作过，保罗与众不同的地方在于他出人意料的洞察力和幽默感。

"那么，钱到底是什么？"我最近一次打电话时问保罗。

"你知道，BDJ，有一个关于钱的故事，"保罗说，"经济学家常讲这个故事，它不一定真实，但它清楚地揭示了钱的本质。"

"听起来不错。"我说。

"据说，在南太平洋上有一个小岛，"他开始说，"近海有一些石头，岛上居民商定每个人都拥有一些石头。一个人拥有的岩石越多，就意味着越富有。他们都觉得这个办法不错，就按照规定进行交易。但是有一天，一场巨大的风暴搅乱了海面，吹起的沙子和碎渣盖住了石头。岛上的居民再也看不到石头了，他们惊慌失措。他们的钱不见了！他们一无所有了！"

"故事很有趣。"我说。

"别担心，这个故事的结局很圆满，"保罗笑出声来，"几天后，沙子和碎渣被海水冲走，他们又看到了石头。他们又有钱了。这个故事的寓意是，钱只不过是人们认同的一种东西。实物货币根本不重要，重要的是人与人之间的协议。"

当你开始考虑未来的财务状况时，保罗的观点有重要的参考意义。它说明了人在整个过程中的重要性。对我而言，"钱不是钱"的说法很有启发意义。只有当人赋予它意义时，它才有价值。

好了，再回到我和马多克斯的谈话。我们正往海边走去。

"我本应该是那个天才。"马多克斯开口说。他个子很高，嗓音洪亮，是一个很有个性的人。尽管不想让任何人知道这次谈话，但是我相信附近的每个人都能听到我们的声音。（我可以告诉大家，他最终同意了我在书中分享这个故事。）"我本应该成为医学天才，拯救世界上的癌症患者。但是坦白地说，我甚至无法做到收支平衡，道格也不善于理财。"道格是马多克斯的伴侣。他们有两个孩子——威拉和杰夫，当时都在上小学。

我开玩笑说："我知道有一个应用程序可以帮你做到。"

"我是认真的，BDJ。"马多克斯继续说，显然不是在开玩笑。"未来让我感到害怕。我怎么保证道格会一切顺利呢？孩子们呢？他们10年后就上大学了，"马多克斯用手捋了捋粗发绺，"我是说，我要怎么掌控呢？我昨天夜里感到非常焦虑，道格提醒我问题的关键是展望10年后的未来。你跟别人谈过这个问题吗？"

"当然，"我说，"我想我能帮上忙。"

"出招吧，BDJ，"马多克斯抓住我的肩膀说，"出招吧。"

这种求我出招的时刻，一直是未来投射中我最喜欢的时刻。这种感觉就像钓鱼时第一条大鱼上钩。当然，要想钓上来还要费不少力，但是你知道你已经钩住了鱼。我和马多克斯继续在海边散步，我的首要任务就是让他展望一下自己和家庭的未来经济情况。"你想要的未来是什么？"这是前文提到的关键问题，你还记得吧？这就引出了第二个密切相关的问题："你希望避免的未来是什么？"

马多克斯首先谈到了自己对贫穷的恐惧，这种情况很常见。但是马多克斯在童年时期非常贫困，这一点我并不知情。他曾经说过："穷得要吃政府提供的奶酪。"

基于自己的成长经历，马多克斯非常清楚什么样的未来是自己不想要的。事实证明，针对自己想要的东西编故事更加困难。"当你考虑未来的财务状况时，你看到了什么？"我问他。

"雾，"他回答说，"全是雾。"

我不会让他轻易放弃的。我在前一章解释过，在想象自己想要的未来时，一定要尽量具体。想象得越详细，未来投射就越有可能成功。如果当时是在马多克斯的家里或办公室，我会把他关一个小时，给他笔和记事本，督促他把自己的未来写下来。但是，我们是在外面，所以我让他坐在公园的长椅上思考自己的未来，这是他有生以来第一次认真思考未来。

"'不贫穷'远远不够。"我说。

马多克斯闭上了眼睛。尽管行人熙熙攘攘，但是我看得出来他在专注地思考自己的未来。我注视着波士顿港波光粼粼的海面，思绪有些游离。这片海域总是让我迷恋，它拥有悠久的历史，有快速渡轮驶往附近的科德角。一只海鸥在头顶鸣叫，直勾勾地盯着我，想知道我手中是否拿着食物。

马多克斯睁开眼睛，呼了一口气。"好的，我明白了，"他说，

"归根结底有两件事。首先是房子，我看到我们在一栋房子里安顿下来，孩子们上大学，毕业后都可以回来；其次，我想确保我和道格为退休做好了准备，也为孩子们做好了准备。"

对大多数人而言，房产和退休带来了重要的经济负担，也是谈到未来时最让人们焦虑的两件事。事实何尝不是如此呢？逐渐老去的想法已经够可怕的了。无家可归，或者居无定所，不得不靠社会保障或微薄的储蓄勉强度日，这简直太可怕了。幸运的是，未来并非固定不变，任何人都不用受困于这种命运。我对谁都不会说掌控未来轻而易举。有些人一生中拥有的机会相对较少，因此遇到经济困难、家庭冲突或者健康问题时，掌控未来可能会困难重重。但是即便如此，也可以创造崭新的未来。首先，要为自己想要的未来描绘一幅清晰的蓝图。

要想将来住进自己的房子，今天就得去买房

在返回会场的路上，我让马多克斯更清晰地思考自己和家人想要的房子类型。

"波士顿真是疯了，"他摇着头说，"价格太疯狂，而且只会越来越离谱。我该怎么准备呢？"

这是未来投射过程中经常遇到的一个坎。还没开始之前，人们就已经因为种种理由在打退堂鼓，认为它不会奏效。针对这种问题，我的建议是给自己一个机会。这并不是劝大家把谨慎抛诸脑后，或者

无视自己的实际情况。如果你是老师，靠工资过日子，也许不用指望将来住进豪华顶层公寓，但是要有开拓精神。记住我在上一章提出的挑战：敢于追逐不同的梦想——一个关于真正想要的未来的梦想。

"首先，构建的未来要真实可信，"我说，"开始找房子吧。"

"我们没有钱。"马多克斯反驳道。

"没关系，"我回答，"其实没有钱更好。有了钱，就知道想要什么了。这会给你和道格一个可以瞄准的目标，未来想拥有自己的住房，今天就得去买房。"

"这听起来像口号。"马多克斯瞥了一眼说。

他说得对。这听起来确实像口号。但是，一句话吸引人并不意味着它就是谎言。我们走着走着，都快回到会场了。

"找几个周末到处看看吧，"我接着说，"你必须亲自去看看房子。不要只喜欢一栋房子。弄清楚自己喜欢什么，不喜欢什么。了解一下价格。和道格谈谈你们各自想要什么。去看看房子吧，去看看房子所在的社区，花时间弄清楚细枝末节，也去周边的杂货店看看吧。"

"好吧，"马多克斯说，"我明白了。"我们穿过会场的双扇门，回去开会。

"这样就会了解房地产的价格，明确自己的目标，"结束讨论时我说道，"接下来就有趣了。"

"有趣？"马多克斯问道。

"是的,你需要找到自己需要的人……"

专栏

商业秘密:如何规划购房预算

我经常提醒人们,我的专长是研究未来,而不是某个特定的行业,比如房地产。这些年我交易过几栋房产,获得了不错的收益,但这并不意味着我就是房地产专家。幸运的是,有很多专家可以帮助你确定将来购房的具体细节。

伊莉丝·格林克提的建议,我一直都很看重。她是专栏作家,著有十几本房地产和金融方面的书,其中包括畅销书《每个首次购房者都应该问的 100 个问题》。格林克可以阐述房地产开发过程的每个方面,但是谈到未来投射,她最好的建议是确定能买得起多贵的房子。这似乎显而易见,但是根据一份行业报告,大约 40% 的购房者支付的房款平均超出预算 2 万美元。

那么,如何避免这种未来呢?首先要量力而行,做好预算,或者像经纪人说的,做好"你的预算"。开始找房时,你就需要问自己 4 个关键问题,这是格林克总结的:

- 我有多少存款支付首付?
- 我每个月的收入是多少?

- 我欠了多少债？
- 我是否调查过社区的生活成本？我承担得起吗？[1]

  针对这些问题给出清晰、真实的答案，将有助于你制定符合实际的预算，在能负担得起的社区生活。过去的经验是住房支出约占家庭每月预算的30%。然而，这忽略了交通费用，如果通勤时间很长，交通费用可能会很高。所以最好把住房和交通费用加起来，确保总数不超过家庭每月预算的45%。有一个方便的在线工具叫"住房和交通负担能力指数"，它揭示了交通费用对美国近22万个社区的负担能力所产生的影响。

  这些细节对未来投射非常重要，因为超出预算会让你面临沦为"房奴"的风险，让人备感无助。ThinkGlink 网站指出："当家庭将更多收入用于购房时，用于健康饮食、锻炼、预防保健等其他需求的支出就会减少，而且更有可能推迟医疗护理或牙科护理。这些家庭即使还能存下钱，用于应急和退休的也会相应减少。"[2] 这正是你想避免的未来，我想你也同意这一点。

---

[1] Liz Stevens, "How Much Can I Afford to Spend on a House?" ThinkGlink, May 29, 2019, https://www.ThinkGlink.com/2019/05/29/how-much-can-i-afford-to-spend-on-a-house/.

[2] Stevens, "How Much Can I Afford to Spend on a House?"

利用未来力量

马多克斯不是那种喜欢拖拉的人，所以在谈完之前他是不会让我离开波士顿的。我同意会议结束后跟他喝一杯，向他解释未来投射过程的每个步骤。

我们在附近一家酒吧的绒皮沙发上坐下。我再次强调："你需要找到帮助你的人。记住，找房子不仅仅是钱和房产的问题。它与人有关——卖方、买方、代理人、经纪人。这些人有一个共同之处，就是都想让你买房子。"

"好吧，我赞同你说的。"马多克斯说。

"还没说完，"我说道，"一旦你确定了能帮助你实现未来的人，接下来需要寻找帮助你实现未来的工具和资源。"

"比如应用程序？"

"当然，应用程序是其中的一部分，还有贷款项目和储蓄计划，"我说道，"我再次声明，我不是金融或房地产专家。你找的人能够帮助你识别这些工具。还有最后一群人，你需要把他们团结起来，这些人就是专家。"

"专家？"

"是的，这些人已经完成了你想要完成的事情，所以你可以向他们学习，"我解释道，"这些人可能与你的情况类似——有配偶和孩子，他们曾经买过房子，而且买房过程非常顺利。"

"知道了。"马多克斯兴奋地说。

"他们也可能是善于寻找贷款和考察社区的人。"

"有道理。"马多克斯点点头。

马多克斯很热情,但是我能感觉到他一开始的压力过大。不过,我还是想在离开之前帮他完成整个未来投射。

"最后一步是逆推。"我说。

"等等,我得记下来。"马多克斯说,假装在口袋里找笔。

"我知道一开始听起来比较烦琐,"我说,"因为这是你第一次听到。其实,这个过程很简单。第一步,看见未来的自己;第二步,找到能帮助你实现目标的未来力量,包括人员、工具和专家;第三步,逆向推导,确定构建未来所需要的步骤。"

"当然。你说得倒容易,"马多克斯犹豫着说,"你是未来学家。"

"别担心,我们很快就会让你像未来学家一样思考,"我说,"在逆推时,你首先要规划出抵达半途所需要的具体步骤。如果是购房,可能需要准备好首付款。一旦明白成功了一半意味着什么,你就可以再把这一半分成两部分,推进到目标的四分之一。你要买房,就要寻找理想的社区,确定自己喜欢的几栋房子,联系银行人员或者抵押贷款经纪人。"

"说得有道理。"马多克斯点点头。

"一旦这些都完成了,就要决定星期一要做什么,从这里起步。"

马多克斯哈哈大笑。"你说得那么简单，"他说，"不过，这听起来确实可行！现在我知道该怎么做了。"

"太棒了！"我说着，举起杯子为他的未来干杯，"我想知道几周后的进展。"

一家人共同构建未来场景

"我讨厌草。"马多克斯沉默了许久，突然说道。

"你说什么？"我问道，怀疑自己是不是听错了。我们坐在波士顿他家的阳台上。自从我们在港口聊天以来，已经有 8 个月了。天气非常暖和，有点反常。我来波士顿小住几天，马多克斯坚持要我星期天过来吃烧烤。他们租来的公寓阳台很小，在这里吃烧烤有点可笑，但马多克斯坚持这么安排，我觉得他是为了推进自己的购房进程。道格和孩子们在屋里等着吃烤好的热狗和香肠。

"我讨厌草，"马多克斯重复道，"我以前都不知道。我是说，谁会讨厌草呢？我从没想过，但事实证明，我讨厌草。其实，我讨厌所有的庭院劳动。"

"我完全听迷糊了。"我笑了笑。跟马多克斯聊天，我已经习惯了这样。

"我听了你的建议，BDJ，"他说，"我和道格去看了房子，这样将来才能住进自己的房子。你就是这么说的，对吧？"

"是的，没错，"我说，"继续讲。"

"好。我们俩到处转悠，找到了几个我们喜欢的社区，了解了一下价格，就像我们讨论的那样。后来，我们发现有朋友住在我们调查的一个社区里，这对夫妇已经有了孩子。他们都是专家，对吧？"

我回答道："对。"

"他们计划外出度假一个月，他们知道我们对这个社区很感兴趣。我们和他们谈过我们想要的未来。"我能看出马多克斯在努力使用未来投射的语言。"他们问我们是否愿意帮他们照看房子，让我们亲自感受一下。我们安排好孩子们上学的事情后就接受了他们的提议。"

"真是太棒了。尝试你想要的未来生活，这个方法很好。"

"是啊，我觉得很棒，"马多克斯说，他为自己所做的事感到自豪，"我们住在他们的房子里。我们不但喜欢这栋房子，也喜欢这个社区。只是有一点，我不满意。"

"哪一点？"我问道。

"房子有个很大的后院，"马多克斯说，声音有些含糊不清。"我们很高兴能烧烤，孩子们也可以在后院跑来跑去。"他指了指我们脚边那个可怜的小烧烤架说道："在修剪草坪和打理院子之前，一切都很棒。房主都是这么做的，对吧？"

"我知道是怎么回事了。"

"事实证明，在院子里干活太糟糕了，"马多克斯生气地说，

"我和道格对此生厌,我们的孩子也对草过敏。太可恶了!"

"这真糟糕,"我笑出声来,想象着马多克斯的痛苦,"不过,幸好你现在发现了。"

"我知道!"他表示同意,同时弯下腰去查看热狗烤得如何。

"现在,你想要的未来是什么?"我问道。

"不要草坪,"他快速回答,"有露台可以,但是不要后院。"

"不过,说真的,"我追问着细节,"现在你的未来是什么样子?半途是什么样子?1/2 半途又是什么样子?听起来你已经完成了第一步。"

"不仅如此,"马多克斯说着,挥了挥手,"我们已经做了所有的事情。现在,我们连人都找好了……"他刻意强调,"有个房地产经纪人在帮我们留意着。我们也找到了抵押贷款经纪人和财务规划师。"

"太好了。你们有没有——"我吃惊地问道。

"别急,研究未来的小伙子,"马多克斯笑着打断了我,"我先详细地给你汇报一下,然后再到房间里面去。我想我们上周已经到了 1/2 半途。我们的存款和投资都已经转移过来用于购房,我们的财务规划师知道我们的目标是一栋联排住宅,"他一边说,一边在空中挥舞着双手,就像在移动箱子,"等到了秋天,我们就能到达半途,这取决于几件事的进展。你知道,治愈癌症同样非常困难。"

"已经有了很大进步。"我尽量乐观地说。

"还有,"他说,"道格喜欢未来投射。我们两个坐下来,和孩子们共同讨论我们想要的未来。我们一家人共同进行了未来投射!"

"一家人共同构建未来……"我说道。

"别再喊口号了,"他说着,把热狗和香肠从烧烤架上拿下来,放到盘子里。"我们还在与财务顾问商讨未来 5 到 10 年想要达到的目标。"

"马多克斯,这太不可思议了,"我拍着手说,"你真的做到了,而且这是惊人的变化。"

"谢谢你,BDJ。"他突然变得严肃起来。他直视着我的眼睛说:"谈不上是惊人的变化,不过,BDJ,真的谢谢你。我感觉好多了,我们在港口的谈话似乎是很久以前的事了。"

"不客气,"我点了点头说,"乐于效劳。"

"你最好小心点,"他接着说,打开了通往公寓的滑动玻璃门。"我的孩子们现在痴迷于研究未来,他们会问你很多问题。"

"我愿意回答。"

人的力量

闪问 3

现在再到回答问题环节。

每当我对学员说出这句话的时候,他们就知道该做练习了。本章写到这里，不妨停下来思考一个问题：在未来投射的大背景下，我们在生活中应该如何发挥人对未来的重要作用。

这次练习不需要先回答三个问题，我希望你说出三个你认为可以帮助自己创造积极未来的人。生活中就有这样的人，我们尊敬他们、钦佩他们、接近他们，因为我们知道，在某种程度上，他们能够带来积极的影响。关键字是"能够"。因为即使认识到有人能给我们的生活带来价值，我们通常也不会采取行动。

为什么会这样呢？我想，这是因为针对我们想要的未来以及这个人如何助力实现它，我们还没有认真思考过。要记住，生活中你能接受的最糟糕的事，就是允许——甚至期待——别人决定你的未来。比如，我们会让一个德高望重的人告诉我们应该如何生活。

在这次练习的第一部分，你要从自己的生活中找到 3 个能够给你带来积极影响的人。在第二部分，你要弄清楚他们会对你的未来产生什么影响，搞清楚你们的关系会如何发展。从这些方面看，这个练习会让你觉得像简易版《指导 101》[①]。但它增加了关键的未来投射，迫使你用非常具体的方式思考想要的未来以及这些人如何帮助你实现目标。

每年我自己至少做几次这样的练习。在第 1 章，我提到了安迪·布莱恩特，他是我在英特尔的导师之一，也是帮助过我的人。当我打算为自己进行未来投射时，他积极帮助我弄清楚未来是什么样子的。他

[①] 《指导 101》(*Mentoring 101*) 是约翰·马克斯韦尔 (John Maxwell) 的书，倡导要为自己的人生设定目标并努力实现它。——译者注

问了我一些很难的问题，我不知道答案，需要花时间去思考一阵子。正是这次不自在的谈话，使我更清楚地看到自己的未来。这次谈话改变了我的人生，它让我看到一个全新的、更清晰的未来。

另一个帮助过我而且继续帮助我前行的人是蒂安娜。在她的帮助下，我走向自己想要的未来，渐渐成为心目中的自己。分析一下就会发现，我和她截然不同。我们的背景、生活目标、世界观和经历都不一样。我们经常意见不一致，但是她的观点和参与对我创造更加复杂和包容的未来至关重要。我们谈话时，她几乎总是可以指出我犯的错误、漏掉的东西、缺少的视角。这些讨论是积极的，富有建设性，目的是让未来变得更加美好。

好了，现在轮到你了。

问题1：

- 哪三个（或更多的）人将在未来创造中发挥积极作用？
- 谁能帮助你实现想要的未来？
- 为什么他们能提供帮助？
- 他们会用积极的方式支持你吗？

追问：

- 这些人与你的观点不同吗？
- 你和这些人拥有不同的背景吗？
- 这些人会给你带来挑战吗？

除了回答这些问题，你还可以回顾一下"闪问 1"，然后把它拿给你已经选好的人。问问他们练习中的问题，利用这些问题进行关于未来的谈话，看看讨论会如何进行。谈话是积极的吗？谈话结束后，你是否感觉比以前更有精力，得到了更多支持？

在花时间思考"闪问 1"之后，去找你选定的那些人，告诉他们你的未来，邀请他们参与这个过程。他们肯定会认为这是一种荣誉，愿意竭尽全力帮助你实现想要的未来。

低谷指南

在继续讨论帮助你的人和如何实现未来之前，我再分享一个故事，说明改变观点如何能够将人从绝望的深渊中拉出来。

我正坐在图书馆里写一份研究报告，突然收到一条短信："在吗，未来学家？"

"在，"我回答说，"有事吗？"

"告诉我，我是有前途的。"塔拉回答说。

我是在参加探索科技未来和"美国梦"时在市政厅遇到塔拉的，这次活动在艾奥瓦州艾姆斯市的艾奥瓦州立大学的校园里举行。那是几年前的事了，那些年塔拉过得不太顺心。她遇到一些心理问题，紧接着又陷入财务困境。

"你拥有未来。"我发短信说。

"我的银行账户里只有300美元,房租是1 100美元,两周后就要交房租了。告诉我未来该怎么办?"

"有空给我打电话,"我迅速回答道,"我们谈谈。"

塔拉一个月前联系过我。我们上一次在大学校园见面时,她给我讲了发生的许多事情。我们聊过她的未来,但我没有意识到问题已经如此严重。我非常熟悉如何走出人生低谷,但是塔拉并不了解这一点。

对于进行这类谈话,我游刃有余。事实证明,我并不怎么了解资源有限、经济无助、生活拮据等问题。

2001年8月,我成为一家科技初创公司的创始成员。因为从事未来研究工作,我相信互联网和电视将会融合。那时距离iPhone问世还有好几年,距离我在英特尔制造智能电视也还有很久。但是我真的相信这种技术。

我把所有的储蓄、贷款和资产都投进公司,帮助它起步发展。不久发生了"9·11"事件,经济增长放缓,所有为我们这家小公司投资的人都退出了。我们破产了,我损失了所有的钱,最后不得不申请个人破产。我终于感受到束手无策是一种什么样的感觉。

我总会接到那些不管什么原因陷入困境者的电话,正因为我曾经也陷入困境,所以也许能帮他们找到摆脱困境的方法。

我的电话响了。

"你一定很沮丧。"我平静地说。

"是,也不是,"塔拉接着说,"就算是吧,我感到沮丧。谢谢。"

我能看出来她想表现得有礼貌,但她的声音充满了恐慌和沮丧。我也能看出来她想大声发泄,但她知道这样不合适。"我厌倦了,你知道吗?我的意思是,我确实犯过一些错误,但这是否意味着我的整个人生都会为如何付房租而烦恼?"

"我想不会的,"我回答说,"不会一直这样。可以换个角度去看待你目前的处境。"

"真的吗?"她问道,声音里仍然带着一丝怨气。"我只是感到无能为力,觉得自己活在这个世界上没有价值,而且再也不会有任何价值了。"

塔拉的情况越来越糟糕。无力、沮丧、恐慌逐渐放大,拖着她一步步坠入深渊。

"我能帮上什么忙吗?"我问。

"你可以给我1 000美元。"她很快回答道。过了一会儿,她说:"不,BDJ,我打电话不是向你要钱。我是说,如果你想给我1 000美元,会让我的生活轻松很多,但你没有这个义务。"

"那么,我能帮上什么忙呢?"我又问道。

"给我讲讲吧,"她沉重地叹了口气说,"告诉我,我还有未来。给我一点希望吧。"

"你是有前途的。"我平静地说。

"有趣,"她哈哈一笑,"我已经收到过你这条短信了。我不是这个意思。"

"我明白你的意思，"我打断她说，"我告诉你，你会拥有未来的。你现在的情况总会结束，到时候就会迎来转机。但是请你告诉我，你想要的未来是什么？"

"1 000美元。"她回答道。

"你想要的长远未来是什么？"我问道，"你能看到自己拥有一个不同的未来吗？"

"我甚至无法想象这个周末是什么样子。"她回答道。

"试一试吧，"我催促道，"想象一种不同的未来，在那里，你不用担心房租，能在一定程度上掌控自己的处境。"

电话那头沉默了一会儿，我一直没挂电话，把时间留给塔拉。现在她感到恐慌，已经很久没有人给她机会去想象一个不同的未来了。

"好吧，"她叹了口气，"说实话，我想继续上学。我当初离开学校真是犯了大错，打乱了自己的计划，误入歧途。我知道自己犯错的所有原因。我惊慌失措、躁狂抑郁，我总是给自己制造恐慌。我就不跟你讲细节了。"

我知道其中的很多细节。

"没错，我想回到学校。但是我现在身无分文，再也去不了埃姆斯，也不想再住在艾奥瓦州。我现在住在弗吉尼亚。再说一遍，我不会让你厌烦的，"她说着又开始难过，"这不可能了。"

"不是不可能,"我回答道,"你已经上过一次大学,你可以再回去。"

"可是我连房租都付不起,怎么能回得去呢?"

"我们正在谈论的不是你的现在,"我回答说,"我知道你的处境很艰难。不过,就花几分钟的时间,不会太久的。你的控制力要比自己想象的强大。你将创造自己的未来。"

"好吧,我会配合的。"她同意了。

"你想去哪里上学?你想学什么?"我问道。

"老实说,我不在乎去哪里,"塔拉回答说,"只要能去就行,我想拿到物理治疗专业的学位。"

"太好了,"我继续说,"接下来,我们会想办法把你送回学校。"

跟马多克斯的情况一样,我们讨论了塔拉未来生活的详细情况。当我们为她组建助力团队时,谈话一下子触到了她的痛处。

"哪些人会帮助你进入学校,走向你想要的未来呢?"我问。

"没有人。"她平静地说。

"有哪些能帮助你实现未来的人?"

"没有人,"她重复道,"我疏远了家人,我的前夫肯定再也不会帮我。"她用沙哑的声音说道。

我不知道塔拉已经结婚了,她从来没有提起过这件事。

"有很多人可以提供帮助。"我尽量让她恢复信心。

"谁?"

"首先是你想去的学校的人,"我解释道,"你可以去和他们谈谈。比如招生人员、助学贷款人员,甚至是社区外展人员。去参观学校,认识可以帮助你的人,这不需要任何花销。听起来很简单,却是重要的开端。"

塔拉沉默了片刻:"你是说直接去找他们谈谈?他们为什么要跟我谈?"

"他们愿意和你谈,"我回答,"这是他们的工作。"

她的想法已经有了转变,听起来不再充满抗拒。"我明白你的意思。"她说。

我们继续谈论她的半途和1/2半途计划。

"听着,BDJ,"她最后说,"我已经占用你太多时间了,但是我明白你的意思。我是说,我仍然需要振作起来交房租。看到不同的未来,能够和那些想和我聊未来的人交谈,让我感觉未来是真实的,就像我能实现一样。"

"你能实现。"我笑了笑。

"你是一个乐观主义者,"她笑了笑说,"总之,非常感谢你对我的帮助。"

塔拉知道了怎么交房租。她还访问了弗吉尼亚诺福克市的欧道明大学,那里离她住的地方很近。这所大学的物理治疗专业很棒,她认识了很多联系人。至此,她已经到达她的1/2半途。最近,我听说塔拉获得了助学贷款办公室的帮助,即将就读欧道明大学的夜校。

接下来:未来投射,不仅仅需要人

就像塔拉、马多克斯和他的家人一样,你有能力去想象、设计并实现自己一直想要的未来。通过设想自己想要的未来,采取具体的步骤,进行多次交谈,你就会一步一步实现自己的未来。

接受人类创造未来的理念。你可以塑造自己的未来——家庭、企业、社区以及其他方面。瞄准那些可以帮助你把未来变成现实的人。

在未来投射时,还有一个需要学习的关键。这些年,我发现未来不仅仅是由人创造的。这就涉及未来投射的另一个重要法则,也是下一章的主题:未来投射还需要借助空间。

05

选择合适的地点
开始未来投射

未来是由人创造的。经过第 4 章的阐释，我希望你们已经相信这一点。现在我将探讨未来投射的另一个核心理念：你设想的未来在哪儿，你就要在哪儿。这是什么意思呢？当我面向普通听众演讲时，我会问一个不一样的问题："你认为此时此刻哪里正在构建未来？"大多数人想象的是硅谷一个明亮的实验室，或者是华盛顿的权力走廊，又或者是遥远的中国工厂。人们很少考虑这样一种可能性：他们也可以在自家后院创造未来。

然而，在未来投射理论中，下一步是显而易见的。如果未来是由人创造的，而人又处在不同的地点，那么所有的未来都必须基于不同的地点。从某个角度来说，当充满激情的人聚在一个房间里，为了共同的愿景挽起袖子努力拼搏时，就会创造未来。可能是一个真实的物理空间，也可能是一个虚拟的东西，比如视频电话或社交媒体平台。

问题的关键是，为了创造自己的未来，你需要在正确的时间出现在正确的地点。从表面看，道理也许显而易见。但是，我无法说清楚我遇到过多少人，他们的未来都停滞不前：要么身处错误的地方，生活陷入困顿；要么入错了行，事业得不到发展；要么选错了城市，找不到真爱；要么选错了社交圈，导致生活方式出现问题，健康每况愈下。

为了创造新的未来，首先你需要改变自己讲述的关于未来的故事。作为整个未来投射过程的一部分，你还必须问自己新的未来最有可能发生在哪里，然后采取必要的步骤到达那里。现在，我来讲讲几个人经历的这种故事。

前路漫漫，未来不可见

我经常会收到对未来表示恐惧的短信。无论是白天还是黑夜，也不管是几点，我的手机不断响起，收到几个月甚至几年都没有联系过的人发来的信息。这不算打扰。其实，能为那些陷入困境者排忧解难，我感到自豪。人们喜欢把未来学家设置为快速拨号联系人，想象着他们说"我想给一个朋友打电话"，我会感到非常开心。这句话是电视竞赛节目《谁想成为百万富翁》一句家喻户晓的求助用语。这种开心的感觉，就像主持人里吉斯·菲尔宾亲切地接通我的电话一样。

一个工作日，时间已经很晚，老熟人乔恩发来了一条短信。他是一家大型保险公司的代理人,我的私人公司为他的公司提供了几年咨询服务。我们是通过工作晚餐、棒球比赛和其他活动认识的。

"方便接电话吗?"短信上写道。

"这可不妙!"我心中想,回复短信道:"能。现在行吗?"

几秒钟后,我的手机铃声响了。

"嘿,乔恩。"我回答,尽量掩饰心中的一丝担忧。

"我希望没有太唐突,"乔恩叹了口气说,"只是在她说起这件事的时候,我立刻就想到了你。"

"等等,这是什么意思?"我说,"没事吧?你听起来状况不太好啊。"

"对不起,我没说清楚。"乔恩答道,尽量装出不怎么担心的样子。

"是我的女儿,罗克斯。我不知道该怎么办。"

"我怎么帮你呢?"我问道。

"我女儿最近的日子不好过,"他解释说,"她刚从艺术学校毕业,感到非常迷茫。"

"对年轻人来说,这个时期可能非常艰难。"我说。

"何止是艰难,"乔恩说,"昨晚吃饭的时候,她说没有未来——她没有未来。就在那时,你突然出现在我的脑海里。我知道我们只是工作关系,不算太熟,但是我希望你能和她谈谈。"

这已经不是第一次遇到焦虑的家长向我求助了。"我很乐意。"

我告诉他，然后我们安排了联系时间。

显而易见的迷人力量

手机突然亮了，提示视频通话连线。我的手机发出呜呜的响声，等待被接听。此时的我正在美国太平洋西北地区自己的书房里，等待给明尼阿波利斯的罗克斯打电话。

视频电话接通后，我说道："你好，我是 BDJ。"

"你好，"罗克斯有些迟疑地回答，"我爸爸说，我们应该谈谈。"她 20 岁出头，头发剪得很短，鼻中隔打了一个鼻环，看上去是坐在父母家的餐桌旁边。我通常不怎么关注人的外表，但我还是注意到她脖子上有一个醒目的老虎文身。尾巴和后腿从她的右肩上伸出来，虎头在靠近右侧的下巴下面。

"很高兴认识你，罗克斯。"我说道。

"叫我罗克斯，"她笑着说，"大家都这么叫我。"

"好的，罗克斯，"我说，在椅子上动了动，"我怎么帮你？"

"我爸爸说你是未来学家，"她疑惑地说，"这是什么意思？"

我开始滔滔不绝地谈论未来主义，解释我所做的工作。

"好吧，我认为你说的有些道理。"罗克斯点点头。我是她爸爸找来的，显然她对我这个老家伙充满怀疑。

"你爸爸说你正在考虑自己的未来。"我说。

"没有。"罗克斯笑着说。她抬头看了看天花板，又扭过头来看着我。"我告诉爸爸，我觉得自己没有未来，他吓坏了。"话多起来后，她开始放松下来。她的坦率和诚实让我来了兴致。"我刚大学毕业，还有高额助学贷款要还。我仍然住在父母家里，我不想继续上学。其实我很想工作，但是毕业后还没有找到自己喜欢的工作。在我看来，未来并不是那么光明。"

"你去面试过吗？"我问道，试图更好地理解她的处境。

"是的，去过一些，我甚至在明尼阿波利斯当地的一家建筑公司找到了一份工作，"她解释说，"只干了几个星期。我在他们的市场部工作，做三维动画，这是我的专业。"

我想象出一种场景：打着鼻环、刻着老虎文身的罗克斯，在明尼阿波利斯的一家建筑公司上班。随后，我停止想象，突然意识到自己下意识地带有偏见，我是根据自己对她的判断来过滤她所说的话。

在罗克斯详细告诉我她的故事之前，我就编造了一个故事。这是一种偏见。虽然我很想帮忙，但听她说话时我还是落入了"过滤器"的陷阱。

每个人都在用"过滤器"。和孩子们说话时，我们会"过滤"；在工作中说话时，我们也会"过滤"。我们说话时会有所选择，有所保留。

但是，我们在听的时候也会使用"过滤器"。当我们做出假设或自认为认识一个人时，我们的大脑就会不由自主地这样做。我们听他说话时，就会把他当成那样的人。即使他持有不同的观点，我们听到的仍然是自认为了解的样子，而不是真实的情况。我们不能真正倾听和理解这个人在说什么。在某种程度上，我剥夺了罗克斯的个性。

她是一个复杂的人，我并不认识她，但是我已经开始产生偏见。我需要退后一步，认识到这一点，尽量保持开放的心态。

你发现自己在"过滤"他人的话时，就要做出改变。不要带有偏见，要寻找对方的闪光点，针对对方说的话做出积极反应。倾听对方的话，然后采取行动。

"那我怎么帮你呢？"我问道。

"这个问题问得好，"她回答，"你能帮上什么忙呢？爸爸说你能帮助大公司和军队，但是我不是公司，也不是军队。"她说话的语气很有魅力——既不粗鲁也不急躁，而是非常坦率，直奔主题。她完全超出我的意料，相信大多数专业人士也会觉得出人意料。

"我的方法能解决任何问题，"我笑了笑说，"任何人都可以像未来学家一样思考。"

"好吧，未来学家，开始吧。"她点了点头。

"你想要什么样的未来？"我说道，"你想避免什么样的未来？"

"这个问题的答案似乎显而易见，不是吗？"罗克斯用平淡的语气说，"我想从事动画工作，但是不想在建筑公司上班。我也想还清助学贷款。我真想离开父母的家。"她又点了点头，带着几分狡猾的笑容。"差不多就是这样。"

"但是，你的未来设定在哪里呢？"我追问道，"你想从事动画工作，不想和父母住在一起。那……你想在哪里工作呢？打算在哪里生活呢？"

"我——"她刚一开口，又停住了。她的嘴张了一会儿就紧紧地闭上了。她心不在焉地揉了揉老虎文身的尾巴，欲言又止。

"怎么了，罗克斯？"我说道，打破了沉默。

"不，未来学家，"她举起手说，"让我坐一会儿。"她坐了一会儿，然后说："我不知道，我以前从来没有这样思考过未来。"

"每个人的未来都需要从合适的地点出发，"我告诉她，"对许多人来说，明白未来设定在哪里，了解未来是什么样子，是实现未来的关键一步。"我等待着她的认可，但是她的目光却坚定地移出了屏幕。"一旦找到了目标，你就可以采取一些具体的步骤来实现目标。"我补充道。

更痛苦的沉默。

"好吧，我同意，"她突然说道，又把注意力转回我身上，"给我一个星期。"

"太好了！"我说，不太清楚刚才发生了什么。

"好吧，未来学家，再见，"她挥了挥手说，"下周的某个时候我会给你发信息。"然后就挂断了电话。

我心中在想，这是多么有趣的年轻姑娘啊。

想成为伐木工人，就要搬到森林里去

下一周到了，罗克斯那张熟悉的脸出现在我的屏幕前。她的声音有点异样，不像以前那么自信了。

"你好，罗克斯，"我说，"这个星期过得怎么样？"

"糟糕，"她回答，"一个女生能制作多少个居住和工作两用的建筑模型呢？"

"我不知道。能制作多少个？"我笑了笑，试图让她放松下来，"话说回来，你有没有考虑过——"

"有，有，有，"她打断了我的话，在镜头前挥着手，"我想去皮克斯动画工作室。"

"皮克斯动画？"我问道。

"你知道，这家动画工作室制作了《玩具总动员》《机器人瓦力》，还有很多值得一看的动画电影。"

"太好了，"我回答，"我知道皮克斯动画。我不认识那里的人，你有没有查过他们是否在招聘？"

我正要继续说，但是停了下来，因为此时罗克斯靠近镜头，一只大眼睛对着屏幕。

"你怎么了？"我问道。

"我在看着你呢，未来学家，"她说着，又靠回椅背。

"看什么呢？"我问道。

"你刚才没有笑，"她说，"我还以为你会笑呢。学校的一位教授就呵呵笑了。还有安迪，办公室坐我旁边的女孩，她简直笑破了肚皮。但是你没有笑。"

"我为什么要笑呢？"我问道。

"因为我是一个来自明尼苏达州的无名小卒，没有钱，而且是从一所不起眼的文学院拿到的艺术学位，"她摇着头说，"我怎么能在世界上最重要的动画工作室找到工作呢？"

"听我说，罗克斯，选择这里作为我们未来投射之旅的开端非常合适。"

我之前描述过这个场景，即"游戏开始"的时刻，也就是客户从思考未来到准备采取行动的时刻。在我们谈话的时候，罗克斯可能一直在自我怀疑，但我能感觉到她有几分相信这个关于自己未来的新故事。这是未来投射的重要启示：怀疑、不相信、否定——通常而言，到这个阶段，未来就不会太遥远了。如果你的脑海中有个声音在说，"这永远行不通"，或者是别人在跟你这样说，这通常就是你加倍努力的时刻。我和罗克斯就是这样做的。

"有哪些人能帮助你实现目标呢？"我问道，直接开始了未来投射。进行到第一周，罗克斯已经完成了未来投射的第一步，为自己设想了一个大胆的新未来，即成为皮克斯的动画师。现在她必须找出推动她走向未来的力量。"以前有谁成功过？"我问她，"有什么工具和资源？有哪些专家能帮助你？"

"你要我给约翰·拉塞特打电话吗？"她直截了当地回答，"你知道吧，他是《玩具总动员》的导演。"

"你可以试试，"我耸耸肩说，"但你可能想从食物链底端开始吧。同时，你能联系到当地的专业团体吗？也许社交活动是为那些想进入动画领域的人准备的。"

"那又怎样，我要坐飞机去加州，去埃默里维尔，开始和动画师们混在一起吗？"

"嗯，如果想成为伐木工人，你就要搬到森林里去。"我说。

现在你们都知道，我是一个喜欢格言的人，这是我的另一个爱好。我意识到从本章开始，我就一直在说实现未来需要从合适的地点出发。但是，这并不意味着正确的未来就发生在自己家的后院。有些未来必须在其他地方才能实现。罗克斯显然不喜欢在明尼阿波利斯市中心的建筑公司工作。她在制作动画，但是她想换个地方。

"你就像生活在大草原上的伐木工，周围都是草原，连一棵树都看不见，"我说，"所以，罗克斯，你必须换个地方。"

"你疯了吧。"罗克斯说，用手摸着老虎文身的尾巴，"我没有钱，我没有时间，我不能说走就走。"

我完全预料到这种反应。我多次说过，未来投射非常艰难，它常常需要在生活中做出重大改变，比如在全美范围内选个地方重新定居。这时就需要逆推。逆推的目的是便于控制重要节点。你先确定半途，然后是 1/2 半途，再然后是星期一。罗克斯很快就想出了自己未来的新故事。现在要做的是放慢速度，帮助她迈出第一步。

"你不用搬家，"我回答说，"至少不用马上搬。你首先要去拜访一些人。谁知道呢，你甚至会发现自己不喜欢西海岸。"

我们开始探讨廉价旅行的具体细节，留意飞往西海岸的廉价航班。罗克斯可以在平峰期灵活出行，去加州的费用比她想象中要低得多。接下来，我们讨论了她的住宿问题，包括和朋友的朋友住在一起。

"我刚想起来，我有个大学室友的姐姐住在埃默里维尔，"罗克斯说，"她以前经常来我们宿舍，我可以肯定，她会让我住几晚的。"

罗克斯的星期一已经安排满了。除了准备出行用品，她还需要利用领英和玻璃门等工具寻找能帮助自己的专家。有没有毕业生可能跟皮克斯或其他动画公司的人有联系？即使大公司也分为小部门，这些小部门的员工往往彼此认识。罗克斯需要进入一个合适的群体，也许是在西海岸参加一次行业活动。然后，她需要准备一份问题清单，等到合适的时机向专家提问："你是如何开始的？""你这一天是怎么过的？""最大的挑战是什么？""我需要做哪些准备工作？"

在我们结束通话时，罗克斯吐露说："我以为你会嘲笑我。"她没有看我,她正在集中精力写一张单子,"这太疯狂了。"她终于抬起头说。

"我认为你能做到,"我回答说,"首先你要完成任务清单。这是你的星期一。1/2 半途时要结束行程,包括约人见面和其他可能的社交活动。当你根据认识的人的推荐开始申请工作时,就已经来到了半途。"

"听起来很简单。"罗克斯说。

"这并非轻而易举,"我回答说,"但这是可行的。"

"好吧,未来学家,"她对着屏幕挥手说,"我以后会给你发信息的。"随后,她关掉了视频电话。

未来已来

罗克斯要实现自己的未来,并非轻而易举。她的梦想很大,要成就任何大事都需要时间。在接下来的一年里,我每隔几个月就问问她情况如何。罗克斯的进展有条不紊,不停地寻找可以帮助自己的人,试图与其他动画专业人士取得联系。在他们的帮助下,她与专家建立了联系,其中有许多专家专门安排时间接受她的咨询。

她后来发现,埃默里维尔只不过是从洛杉矶到波特兰整个西海岸地区的一个城市,在这个地区人们都在做她同样感兴趣的工作。随着罗克斯对这个行业的了解日益加深,她也发现了皮克斯以外的动画世界。在大多数中高预算的电影中，几乎每个镜头都是由动画或特效技术人员处理的。从修复电影布景上的小瑕疵到添加背景和修改建筑物，这些技术人员的投入是无止境的。

没有马上得到满足并没有让罗克斯烦恼。我担心她会气馁或失去动力。但是有一个长期目标，每个周、每个月都会采取具体行动，会让你的工作和等待变得更容易忍受。这也缓解了她对自己工作的不满——不再开"未来不值得"的玩笑了。

罗克斯把自己的希望、梦想以及为此采取的行动告诉了建筑公司的老板，结果老板非常支持她，这个消息让我感到欣慰。

"他说自己没想到我会待那么久，"在一次简短的聊天中，她告诉我，"他其实是说公司里的每个人都知道我注定要干大事。"

罗克斯第二次去加州后，跟我的联系越来越少，不过她爸爸说一切都很顺利，让我放心。后来有一天，他发邮件告诉我，说罗克斯找到了一份工作——不是在皮克斯动画工作室，而是在洛杉矶一家小一点的动画工作室。

几个月后，我终于收到一条关于未来投射的信息。

"当你观看这部新漫威电影时，最后时刻不要离开！"罗克斯写道，"坐着看完演职员表。在倒数第二个动画工作室演职员名单中，你会看到一个熟悉的名字。我的名字！我真是太兴奋了！"

"淡定，"我回复道，"欢迎来到未来。"

关键是找到适合自己的地方

罗克斯的故事表明，构建未来要选择合适的地点。它还强调你生活的地方对你的现状和未来有多么重要。太多的人在做决定时采取被动的态度，让别人替自己做决定，而不是去寻找适合自己的城市。当考虑地域和性格之间的关系时，有一些地域偏好需要考虑，例如安静的人喜欢山区，而开朗的人喜欢海边。当然，这都是泛泛而谈。山区也有许多健谈的人，海边也有许多闷头读书的人。然而，居住地通常会对你是什么样的人产生影响。所以，当我和客户探讨时，我总是鼓励他们在创造自己未来的故事时考虑地点的重要性。

在此过程中，你需要问自己一个重要的问题：你有多珍惜和家人在一起的时间。假设你和父母、兄弟姐妹等人保持着联系。如果你们相处很好，你可能不愿意搬离太远。如果你充分考虑过跟家人的关系如何发展，决定留在他们身边，那我会尊重你的决定。你希望父母距离自己近一些，也许等有孩子后，他们还会帮你照看孩子，这样你心里会感到踏实。但情况真会如此吗？

如果他们没有你想得那么乐于帮忙，就可能会导致双方不满，如果你为了实现未来远走他乡，情况更是如此。认真考虑一下生活中跟你关系密切的人，思考一下自己希望他们在未来几年或几十年会发挥什么作用。

还有一个同样实际的问题：你需要考虑是租房子还是拥有自己的房子。在美国大部分地区，既可以租也可以买，不过在纽约、波士顿、旧金山等地，房价高昂，买房子要困难得多。即使你买得起，也要问问它是否适合你未来的职业和生活方式。有些工作会要求甚至迫使你经常搬家。如果你需要照看自己的房子，就会面临更多困难。如果住公寓，你只需要出门时把门锁上就可以。

接下来是如何释放自己激情的问题。我认识一个人，他是个超级体育迷，关注每一种主流运动和许多非主流运动。他搬到了康涅狄格州的哈特福德，这是一座连一支重要运动队都没有的美国的大城市。我告诉他不要这么做，他不听。结果6个月后，他辞掉了工作，放弃租约，逃回波士顿。这个故事的寓意是什么？如果你喜欢一件事——不管是运动、音乐、徒步旅行、戏剧，还是其他，要确保你生活的地方能让你释放激情。否则，你的未来可能会非常糟糕。

谈到地方，我再提最后一个实际问题：你经常出差吗？旅行可能是一种激情，但也可能是一个工作要求。不管怎样，如果你经常在路上，那就生活在一个方便出行的地方吧，关键是要靠近主要的国际机场。例如，堪萨斯州的托皮卡在很多方面都很好，但是它到堪萨斯城国际机场却需要120千米的车程。

酒吧欢乐时光：未来主义简史

既然我们谈的是未来之地这个话题，我想我应该快速讲一讲未来主义的起源和演化。在 25 年的职业生涯中，我已经研究过许多经历丰富多彩的人，而且毋庸置疑其中有些人非常优秀。我呼吁这些专家对经济、政治、社会科学等一系列问题发表见解。说到未来主义这个话题，我想到一个叫格雷格·林赛的人。

格雷格是城市规划专家，专门研究城市未来、技术和流动性。除此之外，在我见过的所有人中，他对未来主义的理解是最深刻的。他还是商界衣着最时尚的人——他是城市规划专家，而且看上去温文尔雅。每次见面，他都打着领带。当他从医院给我寄来一张和新生儿的合影时也打着领带。我们每次见面总给人一种古怪的感觉：格雷格穿着定制西装和锃亮的鞋子，而我则穿着蓝色牛仔裤，留着胡子。

我们上次在纽约见面时，情况就大概如此，当时我刚刚开始撰写本书。之前，我和格雷格谈过我们选择的职业——未来主义——的起源，但是我想彻底弄明白。我特别想再听听未来主义有争议的过去以及格雷格对未来主义的看法。他的头脑非常神奇。他两次参加游戏《危险边缘》，是唯一一个在与 IBM 超级计算机"沃森"的比赛中保持不败的人。在曼哈顿上东区卡莱尔酒店的贝梅尔曼斯酒吧，我们一边喝着马提尼酒，一边深入探讨未来。

"当我和人们谈论未来主义的历史时，"我开始说，"我想几乎每个人都很惊讶，因为未来主义最初是一次艺术运动。在20世纪初，'未来主义者'这个词主要用来指诗人和艺术家。你觉得这个词的起源为什么会是这样呢？"

"20世纪是一个快速变化的时代，"格雷格解释说，"第一次世界大战结束不久，世界就快速实现了现代化。未来似乎已经到来。艺术家们引领潮流是有道理的，因为他们在想象一个不同的未来。未来不是古老乏味的东西，而是新事物，令人兴奋、充满希望。"

酒吧服务生送来一些坚果，再把我们的杯子倒满酒。

"二战之后还有另一个转变。"我一边说着，一边把坚果塞进嘴里。

"没错，那是一段黑暗的岁月，"格雷格边说边整理夹克，"冷战时期，研究未来的智库必须想象核战争之后的未来——或者在更糟糕的情况下，在双方都保证核毁灭之后的未来。"

此时，酒吧里坐在格雷格旁边的女人一定是听到了我们的谈话。她疑惑地看了格雷格一眼，再扭过头去和别人说话。

"但在那个时期，在20世纪五六十年代，我们也看到有些人开始研究未来，"格雷格继续说，"他们给大公司提供咨询，跟它们合作。未来学家作为一种职业，地位在逐步提升。"

"于是，托夫勒夫妇就登场了。"我笑了笑。

"对，"格雷格点点头，我的热情让他来了精神，"托夫勒夫妇登场了。"

阿尔文·托夫勒和海蒂·托夫勒是一对夫妻，他们传播了未来主义，把未来主义带到人们的会客厅。他们在1970年出版的《未来的冲击》广受欢迎。在我的成长过程中，似乎每个家庭都有一本。我是年轻的极客，未来主义风格的封面总能吸引我的注意。这本书描述了技术的快速发展对文化和商业的影响。托夫勒夫妇甚至为此制作了一部纪录片，由奥森·威尔斯主演。

"你见过他们。"我鼓励格雷格继续。早在2010年，在《未来的冲击》出版40周年纪念活动上，格雷格认识了这对夫妇，因为他写过一篇文章，指出这本书在当时仍然用得上。

"书中有一段内容是，海蒂谈到用面巾纸做衣服。"格雷格说着，瞥了一眼天花板。"这听起来有点傻，但是我明白这就是我们今天所说的'快时尚'——不耐穿的便宜衣服。他们对消费文化的理解在今天仍然适用。"

"为什么你认为20世纪80年代是未来思维的糟糕时期？"我问道。

"是的，没错。"格雷格说着，抿了一口马提尼酒。"那是未来主义的黑暗时期。未来主义成了简单的流行趋势报道和浮夸口号，比如只是为了研究连衣裙的下一种热门颜色。每个人都在关注即将发生的大事,争先恐后去发布有关消息,"格雷格摇了摇头,"未来被商品化,被出售,人们理所当然产生了怀疑。"

"我当时就看到下一次变化将于 20 世纪 90 年代开始,个人电脑和互联网投入商业应用,小型初创企业迅速壮大,成长为价值数十亿美元的企业。公司和组织看到了其中的潜力,也看到了忽视未来的危险。"

"不能忽视的还有苏联解体和柏林墙的倒塌,"格雷格点点头补充道,"在那之前,大多数人都认为,在未来某个时候,冷战将会……以核战争的形式结束。当柏林墙突然倒塌的时候,未来就不再只有一种可能,而是有多种可能。现在一切皆有可能。世界不会在烈火中终结,禁锢未来的枷锁没有了。"

我们喝完了马提尼酒,光顾酒吧的人开始减少,取而代之的是情侣和游客,这些人正准备晚上去看百老汇演出。

招手示意结账后,我说道:"最后一个问题……未来主义的未来是什么?"

"每个人都喜欢问这个问题,"格雷格使劲地揉了揉下巴说,"你和我一样都会知道答案的,但是我要告诉你我心目中未来主义的未来。"

"好,请讲。"这激起了我的好奇心。

"我认为未来主义不应该只服务于政府、军队和大公司,"格雷格向后靠了靠,扫视着房间说道,"这应该是不同社区和团体聚在一起，展望理想的未来生活的一种方式。我认为它应该服务于普通人，帮助他们构建自己的未来。"

我的脸上堆满了笑容。

"怎么了？"格雷格问，我的笑容让他有点纳闷，"太俗套？"

"一点也不，我的朋友，"我伸出手和他握手，拍了拍他的肩膀，"你说得太对了。这也是我想写本书的原因。"

在家乡寻找你的未来伴侣

正如我在本章一直说的，未来投射需要选择合适的地点。罗克斯必须换个地方住，才能找到自己想要的未来。如果想成为伐木工人，你就要搬到森林里去，但这并不意味着每个人必须搬家才能实现自己的未来，有时你可以在自己居住的城市找到自己的未来。

为了证明这一点，我将告诉你我这个未来学家职业生涯中最痛苦的一次经历。我们现在来谈谈爱情和恋爱关系的未来，探讨如何找到自己的未来伴侣。

从阳光之州重新开始

我告诉过你，我的手机经常会收到过去联系人随机发来的短信。

其中一条信息是这样写的:"我看到你来我们城市了。我们可以谈谈吗?我请你喝咖啡。"

发这条信息的是露丝,她是我在研究货币和金融新科技的未来时经常共事的一位银行家。我好久没有她的消息了。我知道露丝正在办理离婚,我也知道她这次分手的情况特别糟糕。好人会遇到这种事真是很不幸。她有个儿子在上大学,她拥有很多资产,但是夫妻之间充满了敌意。

我们这些认识露丝的人见面,都不谈论她离婚这个话题。离婚已经拖了很长时间,无论什么时候,只要有人提起这件事,听到的都是不幸的消息,令人深感不安。

终于,我听说露丝开始摆脱这件事的影响。她在奥兰多找到一间公寓,拥有一份新工作,又重新振作起来。碰巧我要去奥兰多参加会议并发表演讲。

"好的,"我回复信息说,"告诉我在哪里见面。"

我这一辈子都不会习惯佛罗里达的潮湿天气。我一生中的大部分时间都住在太平洋西北部,那里不怎么潮湿。露丝记得这一点,说我们不妨在奥兰多市中心我下榻的酒店的咖啡厅见面,这样我就不用到外面去了。露丝考虑得如此周全,我很开心。

大厅里挤满了商务人士,他们在打招呼、闲聊、看手机。我听到四周的人在讨论交易已经成功或正在计划中,当然也少不了办公室的流言蜚语。突然,一个6岁的小女孩穿着全套公主裙从一群商务人士中间蹦跳着过来，那情景就像一只独角兽。很明显，她刚从迪士尼公园游玩回来，仍然沉浸在喜悦中。

露丝穿过旋转门，很快发现了我。"BDJ。"她快步上前拥抱了我。

我见到她真是太高兴了，不过老实说，她看起来有点疲惫。

"嘿，露丝，"我回答，"谢谢你来这里见我。你好吗？"

"不像以前那么糟糕了，"她回答说，"我相信你已经听说我的生活乱成一团，发生的那些令人厌恶的事情，你都听说过吧。"

"事实上，不是全部，"我坦率地说，"只是零零碎碎地听说过一些。我听说你在奥兰多有一套公寓。"

"是的，是只有一间卧室的'避难所'。"她低声说。她说"避难所"的时候，听起来仿佛既感到幸福，又像是在诅咒。

"说真的，公寓很棒，"她有了一些精神，"很温馨，BDJ。我的儿子在佛罗里达大学就读，我想离他近一些。"

"他喜欢鳄鱼乐园吗？"我问。

"你知道吗？"露丝说，她把手摊在桌子上，"我邀请你来这里，不是为了谈这个的。不如我去点杯饮料，我们边喝边聊吧？"她拿起钱包走向柜台。

过了一会儿，她放下饮料说，"情况是这样的，BDJ，我经历过一些事情。"

"我认为你这么说有些保守。"我说。

"是的,"她带着真诚的微笑说,这让我们两人都放松了一些。"几个星期前,我坐在自己的小公寓里,很久以来第一次思考下一步要做什么。我突然想到一个问题。这个问题非常清晰,比我很久以来感受到的任何东西都要清晰。"

"什么问题?"我催问道。

"爱情的未来是什么?"露丝说。她停了一会儿,朝杯子吹了吹,然后试探性地喝了一口。"不仅如此,爱情、恋爱、婚姻和两性的未来是什么呢?你是未来学家,你应该知道。"

我的头开始发晕,那些喋喋不休的商人突然令人讨厌起来。我该怎么说呢?

"这就是我的问题,未来学家先生。"她说。她现在放松多了,仿佛把焦虑转移到了我身上。她自由了。

我却紧张起来。露丝显然已经思考了很久。经过一段时间的困惑后,她终于想明白了。我想把问题搞清楚。我深吸一口气问道:"你想让我告诉你爱情、恋爱、婚姻和两性的未来吗?这是所有人都得面对的未来吗?还是说只是你的未来呢?"

"问得好,"她说,"两种未来!"

我呷了一口咖啡后说道:"我帮不了你。"

"什么?"她问道,带着一种奇怪的满足摇了摇头,"你是说未来学家不能回答我的问题?"

"我不能,"我无奈地摊开手承认道,"我帮不了你。这不是我的工作，我不是这方面的专家。我不知道从哪里开始。再说了，我也害怕出错。露丝，你问的是一个大问题。"

"我知道这是一个大问题，"她边说边用手掌拍了一下桌子，"所以我才来问你。如果有人能知道答案，那一定是你。我们不能用你的方法吗？你就不能试试吗？"她隔着桌子抓住了我的手。

"我……"我吃了一惊，低头看着她瘦骨嶙峋的手。她拼命地抓着我的手。这也是一位母亲的手。我真的觉得她当时更担心的是我，而不是她自己。我抬头看了看她的脸，从她的表情读出的意思，跟我从她手上读出的完全一样。"好吧。"说着我又低头看了她一眼。

"你决定回答吗？"她问道。

"对，"我点了点头，"但是要知道，我不是这方面的专家。我可以带你走完整个过程，就像任何类型的未来投射一样，我没有答案。一切将取决于你。"

"我同意！"她说着放开我的手，"我们开始吧！"

"现在不行。"我说，让她别急。"我需要花点时间准备一下，我在这里要参加几天的会议。我们周五下午再谈，谈完后我将乘坐飞机离开。我们有充裕的时间好好吃一顿午餐，把事情谈清楚。"

"我简直太兴奋了。"露丝满脸放光。

"我认为这很棒。"我说，又呷了一口微温的咖啡，心想我这到底是做了什么让她高兴的事呢。

人类学家登场

我回到房间,迅速给社会科学家吉纳维芙·贝尔博士发了一封电子邮件,向她求助。她是人类学家、技术专家、未来学家、副总裁、无所不知的知识达人。我们在英特尔公司工作过(房间很小),探索让电脑更加智能化、更有用处的途径。

贝尔仍然是英特尔的高级研究员和副总裁,同时也是澳大利亚国立大学的教授,她就是在这里长大的。正如她在工程与计算机科学学院的个人简历上写的那样,她正致力于"探索如何将数据科学、设计思维和人种学结合起来推动工程发展",以及"探索在数据驱动的经济和世界中作为人类意味着什么"。①

我发了这样一条信息:"一个小问题——爱情、恋爱、婚姻和两性的未来是什么?而且……希望你一切都好!"

不出所料,她立即发来了信息。

"你是了解我的,"她开始说,"我习惯于从资料入手——查阅罗宾·福克斯、戴维·施耐德、凯斯·韦斯顿、海伦·费舍尔的著作。从人类学家开始说起吧。"多年来,贝尔一直会列一些让人惊讶的阅读清单,总是很有见地,而且很有趣。她继续说道:"接下

---

① Data61 CEO Adrian Turner, speaking of Genevieve Bell's return to Canberra, in "World Leading Technologist Dr. Genevieve Bell Returns to Join ANU," news release, ANU College of Engineering and Computer Science website, January 27, 2017, https://cecs.anu.edu.au/news/world-leading-technologist-dr-genevieve-bell-join-anu.

来，我想提醒你，恋爱关系、亲属关系、婚姻，甚至爱情，并不总是相同的。"

"为什么会这样？"我问道。

"爱有很多种，"她回答，"有浪漫的爱，对家庭的爱，对上帝的爱，对国家的爱，甚至对产品和财产的爱。你说的爱是什么？弄清楚这一点将有助于塑造你的未来。记住，每件事都有一个范围。"

我明白她的意思。爱情、恋爱、婚姻和两性都是可变的，这意味着人们对它们的定义不同。这些都是独立的概念，如何定义它们完全取决于个人。这一点在性别和性取向方面表现得很明显，而且近年也越来越容易被接受。每个人对自己的性别或性取向的定义可能截然不同。这同样适用于爱情、恋爱、婚姻和两性。

通过上述概念，你会看清自己是什么样的人，明白自己想跟什么样的人结婚。更广义地说，当我说"关系"时，你会看到各种关系。这就是贝尔博士想表达的意思。你可能会看到一段恋爱关系，或者你跟父母或孩子（如果有的话）的关系，又或者想到上帝或宗教。

把这个想法用到露丝身上会很有趣。离婚使她的状况一团糟，动摇了对爱情、恋爱、婚姻和两性的认识。因此，她不愿重蹈覆辙。但是，她难道不能想象另一种爱、拥有另一种未来吗？重点是，爱情、恋爱、婚姻和两性并非只有一种。爱情的未来不会像露丝第一次经历的那样彼此对立，难以调和。我想这也许能让她从恐惧中解脱出来，为自己想象一个不同的、更好的未来。但这也会给她带来挑战，她需要审视自己以及自己想要的未来。

谈论爱情、恋爱、婚姻和两性可能会让人觉得厌烦，发现一些让自己不舒服或者一时难以接受的事情。但重要的是要记住，并不存在正确答案，没有唯一的方法，也没有所谓的正确的方法。只有你和你想要的未来。

在会上进行了几天的主题演讲和问答之后，我准备和露丝一起迈出这一步。我们决定仍在酒店见面，在晚些时候共进午餐。

犹太老奶奶的超级力量

"你好，BDJ。"露丝说着，给了我一个大大的拥抱。餐厅里空无一人，那一大群商人都去了其他地方。除了一对老年夫妇在窗边一边用餐，一边俯瞰游泳池，房间里只有我们两个人。孩子们在嬉闹玩水，家长们晒着太阳，悠闲地聊天。

"好吧！"露丝开口说道。她不再垂头丧气，看起来热情洋溢，好像完全换了一个人。

"在我们开始之前，我得提醒你，"我指着自己光秃秃的脑袋说，"我根本没资格跟你谈这个。我是来帮忙的，但是没有资格。"

"好啊，你已经说过了，"她挥着手回答说，"我们从哪里开始呢？告诉我我的未来吧。"她假装眯着眼睛在看水晶球。

"我带着你的问题去找了我的一位人类学家朋友。"我说道。然后我转述了贝尔博士的看法,包括她建议的阅读书单。我告诉她每件事都是不确定的,她需要确定自己当下所处的地方和未来想到达的地方。将来我们谈论的是什么样的爱情?什么样的关系?这不是二元对立的,有各种各样的可能性,正确的答案取决于她自己。

"这确实给了我很多启发,"露丝说,"它拓宽了未来的可能性。接下来呢?"

"噢,第一步是问问你自己想要什么样的未来。"我说着便直接开始了未来投射过程。"你必须看到自己想要的未来。与此同时,问问自己希望避免什么样的未来,有时会很有帮助。"

"哈!"她叫道,用手掌拍了拍桌子。"我可以告诉你。我婚姻的最后 20 年就是典型的证据。其实,这不是实情,"她停顿了一下,"也不全是坏事。比如说最后这 10 年。这段时间就是要避免的未来。"

我瞥了一眼那对头发花白的夫妇,他们身后是孩子们在外面游泳池里戏水。看到他们吃着沙拉,轻松地微笑,我的心情顿时平复下来。

"这是个很好的开始,但我们需要更多细节,"我继续说道,"你想要的未来是什么?未来的恋爱关系是什么样的?你想从中得到什么?"

"我不知道。"露丝摇摇头说。

"我通常会从该领域的专家入手。"我说道。我拿起手机,快速搜索"健康的恋爱关系具备什么条件"。网络提供的答案经常一团糟。我总是告诉人们不要通过互联网查询严肃的问题,但是那天互联网却出乎意料可靠。以下是一些排名靠前的搜索结果。

(来自交友网站)

相互尊重

信任

诚实

支持

公平/平等

身份独立

有效沟通

有趣/喜欢

(来自健康网站)

尊重

平等

安全

信任

(来自心理学网站)

尊重

不具有威胁

信任

支持

诚实

公平

经济伙伴

分担责任

承担抚养责任（如果想要孩子、狗、猫、鱼……）

我浏览了上述结果后说道："在考虑想要的未来的恋爱时，这些都值得认真思考，它们是健康的恋人关系的主要特征。"

"没错，我同意，"露丝开始记笔记，"在我的上一段婚姻中，这些特征的确没有表现出多少。"

"它给了你一个框架，可以思考你想从未来的爱情、恋爱、婚姻和两性中得到什么。你需要自己回答这些问题，看看恋爱关系将会是什么样子，但是你也需要问问是跟'谁'。"

"跟谁？"她问道。

"对，你想跟谁保持这种关系？"我悄悄转移到未知答案领域。

"如果答案是'我不知道'怎么办？"她问道。

"现在不知道没关系，"我说，"但是我要帮你弄清楚接下来的事情，你必须知道才行。除非你能回答第一个问题，否则我帮不了你。"

"好吧，假设我已经回答了第一个问题，"露丝说，"然后呢？"

"为了更好地了解自己的未来，你需要问自己：在生活中谁能帮助你朝着想要的未来前进，"我说，"你的后援团是谁？"

"我的后援团？"她一脸疑惑。

"这些人通常是帮助你实现未来的家人或朋友，"我继续说，"你可以告诉他们你的未来，他们会支持你，甚至帮助你。

"有一个犹太老奶奶！"露丝脱口而出。

"什么？"我知道露丝信奉犹太教，但我不知道她是什么意思。

"BDJ，"她责怪道，"犹太老奶奶在社区做媒人的事情已经由来已久。还记得电影《屋顶上的小提琴手》吗？"

"哦，记得，"我回答，"我想电影里的事也会在现实里发生。为什么不会呢？所以再重复一遍，你的'人'包括任何愿意倾听你的故事、提供指导和支持的人。"

"知道了，"她说，"下一步呢？"

"工具和资源，"我回答，"也可以是人，但更多是指能提供帮助的组织、法律或技术。"

"约会软件！"露丝脱口而出，就像游戏节目中的选手一样。

"对，"我叹了口气说，"可是你看，这就是我觉得无能为力的地方。我认识我妻子时，还没有互联网和约会APP。我如何能告诉你最好的资源是什么呢？"

"犹太老奶奶可以！"露丝激动地说。

"嗯？"

"我在想我经常去的犹太教堂，还有每周的社交聚会和其他活动。这些活动就是为了让有信仰的人聚在一起对话。跟有共同点的人聊天要容易得多。"

"同意。"我说。

"这些活动是由——听好了——犹太老奶奶们举办的！BDJ，我想我把事情搞清楚了。下一步要怎么做？"

"专家，"我说，"你需要找到专家，他们已经实现了你想要的未来，能指点你实现目标。"

"你知道我要说什么，对吧？"露丝笑着说。

"我想我是知道的。"我回答。

"犹太老奶奶！"她喊道，"好吧，现在我知道自己想要的未来了，也知道哪些东西能帮我实现梦想。"露丝丝毫没有失去热情，她追问道："那么下一步呢？"

"逆推，"我说，"从今天到达未来目标的半途，你会采取哪些步骤呢？把半途一分为二，弄清楚到达 1/2 半途的目标是什么。最后，问问自己星期一需要做哪些事情才能正式启动。"

露丝快速地记着笔记。"我知道你认为我在开玩笑，但我真的没有，"她坦白道，"我相信犹太老奶奶的超能力在某个环节会起重要作用，但我现在明白你的意思了。我知道自己要做什么了。"

"太好了，"我说，"还有问题吗？"

"没有了。"她潇洒地把笔帽扣上说道，"我有很多准备工作要做，很多事情要思考。而你，我的朋友，还要赶飞机呢。"

我看了看时间。"没错，我得走了。"

"我来结账，"露丝说着站起来，向我比了个手势，"过来，我要给你个大大的拥抱。"

在回家的飞机上，我重温了和露丝的对话。毫无疑问，爱情、恋爱、婚姻和两性的未来都与人有关，也都与未来之地有关。露丝似乎从我们的谈话中得到了启发。未来投射厘清了她的问题，提供了解决方法。投射过程能提供一个框架，让人们看到自己的未来，明白需要做什么才能实现这个未来。由此可见，过程是可行的，没有那么令人生畏。

针对他人的恋爱关系提供建议仍然让我忐忑不安，但是我不断告诉自己，回答露丝问题的人不是我。我没有告诉她爱情、恋爱、婚姻和两性的未来。我只是提供了一张路线图。

我有一段时间没有收到露丝的消息。我在忙公司的事，我想她也是在忙工作和家庭吧。说实话，我想了解事情进展如何，但是又有点害怕联系她。我不想把事情搞砸，也不想让她的处境更糟糕。所以有一段时间，没有她的消息反倒让我感觉更踏实。更何况，这是露丝的私人生活。询问一个人有没有找到工作跟询问恋爱进展是两回事。不过，最终我还是忍不住联系了她。

"我很好，"露丝通过短信回复说，"上次的聊天帮了大忙。谢谢，拥抱你！"

她就说了这么多，但是这足够了。

又过了几个月，我没有再听到任何消息。从朋友口中和社交媒体上，我了解到露丝很活跃，满世界跑。随着夏天的临近，我突然收到了一条短信。

"嘿，BDJ，没联系你我很抱歉。我原以为就一个人算了。还是我错了。这个星期五我要去约会啦。犹太老奶奶们再次出手。啊！"

接着她发来一个笑脸的表情和一个害怕的表情。

"那太好了。"我马上回复说。

"这是我的1/2半途……我想……第一次约会（又发了一个害怕的表情）。你是对的……你想认识人，就必须去有人的地方……我在犹太教堂遇见了他……做志愿服务……祝我好运吧！"

"祝你好运！"我回信说。

整个夏天都悄无声息。露丝渐渐淡出了我的生活，这很正常。这是她的私人生活，而且我帮不了其他的忙。如果我还有点作用，露丝肯定会再联系的。这就足够了。

随着假期临近，我看到几张露丝微笑着和同一位先生拍的照片。他和露丝年龄相仿，头发花白。我记得在奥兰多的第一个下午看到露丝时，她的肩上似乎承担着沉重的压力，眼中流露出疲惫的表情。

看到露丝此刻的微笑，想到她对即将到来的假期的期待，我就下定了决心。

"太棒了。"我告诉自己，然后继续研究。

前进中的障碍
闪问 4

我们暂停一下，把未来之地的相关内容运用到生活中去。

"未来之地"这个词是相对的。罗克斯需要振作起来，跨越整个国家去寻找自己的未来。在犹太老奶奶的帮助下，露丝只需要在奥兰多附近寻找自己想要的未来。

在闪问 4 中，我希望你把重点放在当前通往理想未来的障碍上。在"现在的你"和"未来的你"之间存在什么障碍？你可以结合本章讲到的故事和主题——比如工作或爱情——来思考这些障碍；也可以结合前几章讨论的话题，包括你对自己生活的看法和想达到的财务水平；还可以缩小范围，比如实现健康目标，或者熟练掌握某种技能。一旦你确定了一个或几个障碍，请回答以下问题。

▶ **问题 1：未来的障碍在哪里？**

在某些情况下，这个问题的答案显而易见。如果想成为乡村音乐明星，那就去纳什维尔；如果想学习海洋生物学，就应该去海边城市。

实现未来通常会有很多条路，比如谈恋爱，如果你是年轻的单身人士，在发展中的城市找到合适伴侣的比例会很高。但是露丝的故事表明，如果知道去哪里寻找合适伴侣，哪怕就在自己家的后院也能找到爱情。所以，关于这个问题可能并不存在唯一一种正确答案。我只是想建议认真思考去哪里才能找到想要的未来。

追问：

- 障碍从何而来？
- 你能掌控这个障碍吗？要消除这个障碍，你需要获得未来力量的帮助吗？

不要忘记细节。对于这个障碍，你描述得越详细，就越容易消除。

▶ 问题 2：哪些未来力量能帮助你克服这个障碍？

这是实践未来投射的另一个机会。不用担心需要满足所有条件才能制订完整的计划，但是写下几种力量——人、工具和专家——可能会对你有所帮助。记住主要内容。优秀的团队成员是倾听你的想法并给予诚实的建设性意见的人——比如一个曾在纳什维尔待过一段时间的大学乐队成员。工具可以提供更深入的信息——可能是一个针对特定兴趣的在线约会 APP，也可能是一个有助于你的当地项目。专家们已经做了你想做的事情——也许是领英上的一个海洋生物学小组，一旦你拿到学位，就可以借此了解自己的职业前景。以同样的方式，想出驱动自己前行的五种力量吧。

追问：

- 你是否随时接触你的未来力量（人、工具和专家）？

这里的人应该是生活在你周边的团队。你的团队是本地的团队，但是工具和专家可以来自任何地方。

▶ **问题3：你可以采取哪些措施来克服这个障碍？**

开始逆推。我们要的并非一个完整的计划，我只是想让你开始锻炼大脑。逆推的半途是什么？规模是一种考虑因素。如果实现未来需要远赴海外，那么要比在当地社区解决问题需要更多的步骤。不要多虑。记住，逆推的关键是将一个太难、太复杂的过程分解成可控的部分。我第一次向罗克斯提出去加州的建议时，她吓坏了，似乎觉得这一切必须马上发生。其实，这个过程是在好几个月内采取多个步骤实现的。我意识到这本身会让人望而生畏。你做得越多，就会越有耐心，瞬间就会获得满足，这是文化中的一种根深蒂固的需求。你开始欣赏这段旅程，把旅途本身视作一种奖励。

追问：

- 是否存在一种感觉太大而无法移动的障碍？它能被慢慢推动吗？

从过去看到未来

我想告诉你还有一种未来之地：你所在的社区。如何让所在的社区和周围人的未来变得更好？在我的私人公司，我有机会帮助当地管理者构思他们想要的未来，这个未来不仅是为了他们的组织，也是为了他们所服务的社区。

当企业或组织陷入危机时，我经常被叫去帮忙。很少有一个成功、高效的首席执行官在某天早上醒来时说："我们请一位未来学家过来！"这种情况发生过一两次，但当公司和个人意识到他们对未来没有准备时，他们通常会联系我。在我职业生涯的早期，我不得不习惯艰难的对话和令人紧张的情况。

有一年冬天，我接到了密歇根休伦湖岸边一家小型历史博物馆董事会打来的电话。一位董事会成员曾经看到我在一场关于科学和历史博物馆的会议上发言。没错，那里有几家博物馆，而且我酷爱博物馆。（信不信由你，我就是在天文馆结的婚。）所以，当电话打进来的时候，我立刻做了去五大湖旅行的计划。

密歇根的冬天来得很早。我到达时，地上已经有厚厚的雪，而且在这个周末之前，应该还会下雪。小酒店的前台经理开玩笑说不用担心，因为他们从不关闭当地的机场，除非情况非常糟糕，而密歇根州的情况与其他地方不同。

"但是他们不是刚在电视上说事情会非常糟糕吗？"我问道。

"是的，"他耸耸肩说，"我想也许我能给你一点希望。"

我不知道该怎么回答，所以就简单说："谢谢。祝你过得愉快！"

"好。"他挥了挥手说。

博物馆坐落在湖边，有一个宽阔的平台延伸到水面。这座两层楼的建筑最近进行了翻修，看起来焕然一新。我和即将上任以及即将卸任的两位董事会主席一起坐在狭小的咖啡馆里。房间很冷，我只好戴上帽子和围巾，但是湖光美景令人陶醉。

"我们不知道自己想要什么。"即将上任的董事会主席纳丁摇着头说。她就是那个听过我演讲的人，她渴望在任职期间让博物馆在未来走上正轨。"我们做的事情太多了，而且大多数没有意义。"

"没有意义吗？"丹轻声说，没有流露出任何反对的迹象。丹是即将卸任的董事会主席。"博物馆的会员比以往任何时候都多。"

"我只是觉得我们做得太多了，丹，"纳丁继续说道，"这是不可持续的。"

显然，纳丁和丹对博物馆的未来持有不同的看法。让情况变得更加复杂的是，这两个人的观点简直是南辕北辙。

纳丁是当地的房地产经纪人和开发商。她的商务名片上写着"纳丁，房地产机器"。在我与博物馆合作的整个过程中，除了一套剪裁完美的商务套装，我从未见她穿过其他款式的衣服。

她一丝不苟，有上进心，取得了成功。她的部分努力是为了回馈自己的社区。

丹是植物学家，是密歇根大学的退休教授。他喜欢穿露趾凉鞋和很旧的套头羊毛衫，上面绣着鲜为人知的科学会议的名称。从他的举止可以看出他常常独自观察脆弱的森林动物。他对大自然、学习和当地社区的热爱，构成了他的晚年生活目标。

他们两人唯一的共同点是热爱当地社区，希望未来更加美好。

"你们知道自己希望博物馆未来是什么样吗？"我问他们，"或者更重要的是，你们希望当地社区的未来是什么样？未来永远是从合适的地点出发的。我认为，如果你没能回答这个问题——为社区找出自己想要的未来，那么它可能会帮助你们更好地理解博物馆所发挥的作用。"

"说得好。"丹点了点头。

纳丁回答说："但我们已经有一个章程，明确了我们想要的未来。我们的存在是为了保护和分享休伦湖以及与之有关的人的历史。"

"这是个很好的开始。"我说。

"那我们为什么要从周一到周五经营托儿所呢？"纳丁回应道。

"因为我们需要这种服务，"丹回答，"去年日托中心关闭后，家长没有地方送孩子。另外，很多妈妈根本没有钱把孩子送去日托中心。"

纳丁说："但是给社区提供免费的日托服务不在我们的章程中。"

"我们有场地开办日托中心，"丹指着二楼说，"我们有员工——"

"这与保护和分享休伦湖的历史有什么关系呢？"纳丁重复了一遍，她的语气更显激动。

丹仍然很冷静。"这与保护我们的当地社区有关。"他说。

"听起来好像目标不一致。"我插嘴说。

"这就是请你来的原因。"纳丁说。

"第一步，你们两个和董事会要想好未来的愿景，"我开始说，"也可以谈论你想避免的未来。然后，我们就能弄清楚博物馆在未来的位置。"

"我们该怎么做呢？"丹问道。

"可以采取几个步骤，"我说，"首先，董事会成员需要集中到一个房间，作为一个团队认真进行未来投射。把充满激情的人召集在一起，达成共同愿景，产生的效果会非常惊人。"

"我们可以安排时间。"纳丁说着拿起了电话。

"等等，"我说，"我认为你们可能需要先完成第二步的一部分，然后再完成第一步。"

"这是什么意思？"她抬头问道。

"通常，当我告诉人们这样做时，我会让他们想象自己想要的未来。然后，我让他们寻找能够帮助自己实现目标的人、工具和专家。但是鉴于目前这种情况，我认为你们应该先找其他人和专家谈谈，听取社区居民的意见也会很有帮助。"

纳丁和丹茫然地盯着我，我能看出来他们正在思考。

"听起来工作量很大。"丹最后说。

"是的，"我回答，"但任何重要的事情都需要努力，何况你们的目标是让整个社区的未来变得更美好呢。"

"董事会不怕工作辛苦。"纳丁说着,又准备打电话。

"你们两个,董事会,志愿者和工作人员面前都有一个独特的机会,"我说,"很少有人得到许可和平台去思考未来,然后开始行动。你们有能力让这里的未来变得更美好。"

对纳丁和丹来说,接下来的几个月很艰难,但他们都单独告诉我,这是他们长期以来做过的最有价值的工作。博物馆召开了一系列听证会,市政厅来了解社区的需求,当地政府、学校系统和城市服务部门的成员也加入其中。他们为孩子们举办了有趣的活动。他们吃着冰激凌,喝着咖啡,跟家长和看护人交流意见。

他们的勤奋和热情给我留下了深刻印象。纳丁说得没错,董事会并不害怕工作辛苦。他们确定了人员,找到了来自其他科学和历史博物馆的专家,这些专家已经满足了社区的需求。因此,他们的逆推突飞猛进。

我是在第二年初春回到这里的,正是旅游的好时节。空气中寒意消退,小野花从地下探出头来。

我和纳丁坐在同一个咖啡馆,眺望着平静的湖面。我们在等待丹的到来。我打算第二天上午和董事会举行一次未来投射会议,下午和当地社区再举行一次未来投射会议。

"我们还在办全日制托儿所。"纳丁凝视着窗外说。

"这是好事吗?"我问。

"你知道我是单亲妈妈吗?"她问道,仍然望着窗外。

"你从来没提过。"我回答。

"没错,"她继续说道,"细节就不赘述了,但很久以前有一段时间,只有我和我儿子。我需要帮助,就像我们在这里帮助的许多母亲一样。"

"能帮助他们,肯定感觉不错吧。"我说。我是在鼓励她多说话。

"是,也不是,"她继续说,"能帮上忙当然很好。但是,我对章程和我们博物馆的使命太偏执,因此感觉不是很好。"她直视着我的眼睛:"不知道你注意到没有,我是个循规蹈矩的人。"

"我已经注意到了。"我笑了笑。

"我不知道,借用你的说法,我认为我们的未来并不一致,"她继续说,"这些听证会真的很有用,有助于我探索社区的未来。说实话,BDJ,我不确定我们的作用是什么,也不确定博物馆在未来的作用,但是现在能发现,我真的很兴奋。"

"太好了。"我说。

"这真的是一个好机会。"她说着,目光又转向窗外。"如果我们做对了,这可能是我们生命中最重要的一次机会。"

"BDJ!"丹走进房间时大声喊道。我以前从来没听到过丹大声说话,他一直是轻声细语的。他走到我的面前,给了我一个大大的拥抱。他的羊毛衫上有一行字:"英国科尔切斯特埃塞克斯大学植物博览会"。

"你好，丹。"他刚放开我，我就拍了拍他的肩膀。"很高兴见到你。"

"我对明天的安排感到非常兴奋，"他微笑着说，"纳丁有没有跟你说过她做过的令人惊奇的事情？肯定没有吧——她太谦虚了。我告诉你，董事会已经因为这个项目做出了改变。与社区建立了联系，了解我们想要的未来，给了我们新的目标。我们的志愿者人数越来越多。人们都想来帮忙。"

我说："你们已经接近第三个步骤——逆推，引导社区朝着想要的方向发展。"

"这多亏了纳丁和她想出的所有好主意。"丹说。

"这真是千载难逢的机会。"纳丁回答说。她的眼睛流露出若有所思的神情。"人的未来是非常强大的。"

在本地创造变化

正如纳丁和丹所发现的，能够创造当地社区的未来就是巨大的机会。这将影响无数人的生活，包括那些你最亲近的人，如家人、朋友和爱人。对我个人来说，我生命中一些最令人欣慰的经历就是与当地社区的合作。

那么最好的参与方式是什么呢？我建议人们考虑以下三个途径。

成为志愿者。每个社区都需要更多的人贡献自己的时间和精力。

寻找一个你支持并相信的组织，把志愿服务当成一份工作，列出你的技能，看看在什么地方能派上用场。例如，如果有木工技能或项目管理经验，你可能会找到在社区建造经济适用房的组织。如果你的背景是开发房地产，你可以为当地图书馆或社区中心筹集资金。

加入一项事业。行动主义是与社区中志趣相投的成员建立联系的好方法。显然，你应该选一件感兴趣的事情，无论是气候变化还是教育。行动主义和志愿服务往往是密切相关的，但是如果你担心承担的义务太多，加入一项事业也许不用花费那么多时间。

竞选职位。这种方法需要投入的精力最多，但是你在社区会更容易带来真正的变化。第一步是弄清楚你想竞选哪个职位，有州、县和市各级职位。所有的未来投射规则都适用竞选。一旦写下自己未来的故事（也就是说，选择了想竞选的职位），你就需要找到推动你前进的人、工具和专家。例如，通过"竞选公职"网站，用户可以搜索全美超过 15 万个职位。与此同时，美国女性选民联盟致力于帮助妇女参与选举。在逆推过程中，这些类型的资源都是非常宝贵的。

接下来：谈谈技术

无论是寻找下一份工作、生命中的爱人，还是为所在社区创造更美好的明天，都要从当下开始出发。正如我在书中强调的，未来是由人创造的。我想和大家分享的最后一个关于未来投射的共同点，也是让很多人感到担忧的一个共同点。没错，是时候来谈谈技术了。但是我向你保证，这场关于技术的谈话不像生活中的其他经历一样让你感到困惑和不安。恰恰相反。我将向你展示如何控制技术，让技术成为创造理想未来的有效工具之一。

06

决定未来的不是技术，而是你自己

当人们知道我是未来学家时，技术总是他们想先谈论的话题。为什么呢？我给技术下的定义是"科学知识的实际应用"。自从有魄力的穴居人决定把一块棱角分明的石头打磨成手斧以来，技术一直是推动人类发展的主要力量。在进行未来投射时，它可能是构建全新未来唯一强大的力量。简而言之，技术使未来成为可能。

不幸的是，在某种程度上，技术的力量开始超越我们对它的基本理解。科技非但没有被视为推动积极变革的力量，反而给人们带来了恐慌。2007年一个晚上发生的事情，让我深刻认识到这个事实。那天的提问环节改变了我的生活，尤其改变了我对人与科技的关系的看法。

技术恐慌者

马克·霍普金斯洲际酒店位于旧金山市中心的诺布山山顶。那天，我站在酒店一个宽敞的活动空间，面对大约 600 名听众发表演讲。经济还没有触底，但是人们已经感受到最初的不安。那时，我已经在英特尔工作了 5 年左右，举办过多次公开演讲，600 人甚至更多人都不会让我感到紧张。尽管如此，当进行到"提问"环节时，空气中还是弥漫着紧张的气氛。

听众最初问的问题涉及多个方面。人们对自动驾驶汽车很感兴趣，这个技术发展得不再像科幻小说中的场景。那年早些时候，卡内基梅隆大学的一个团队赢得了美国国防部高级研究计划局的城市街道自动驾驶汽车挑战赛。

自动化是另一个热门话题，听众问了几个关于机器人崛起并接管人类的问题。大约 45 分钟后，我准备总结一下，便给出最后一个提问的名额。房间后面的一名男子盛气凌人地站了起来。从穿着看，他像一个来自郊区的普通父亲，但他的举止有些不对劲。就连站在前面的保安也注意到了。当一名工作人员拿着麦克风向他走来时，他冷冷地盯着舞台。

"你能诚实地回答问题吗？"这名男子问。他抓住麦克风，像是在尽力压抑愤怒。

"当然，"我笑着说，试图让气氛轻松些，"我会尽力的。"

"你真的相信科技对人类有积极的影响吗？"他问道。这是个很难说清楚的问题。

"我相信，"我点点头，尽量保持镇静，"我是一个开放的乐观主义者，我认为我们应该利用科技让人们的生活更美好。"

"但是我们乐观吗？"他接着问。他的声音激动得有些失控，从会场的扩音器里传出来，听起来非常刺耳。"我们真的乐观吗？你真的认为科技能让世界变得更美好吗？"

保安朝那个人走过去，气氛迅速变得紧张，不过我还没弄明白他为什么如此焦躁不安。

"我当然认为科技应该使人们的生活更加美好，"我说，"作为未来学家，这一直是我衡量成功的标准。我们通过科技让人们更幸福、更健康，或者至少效率更高。"

我说话的时候，那个人用力地点了点头。我不知道他是同意我的观点，还是我的话证实了令他愤怒的原因。

男子看到保安走了过来，赶紧举起双手。

"没关系，"我赶紧说，"让他把问题问完。"

这名男子深深地吸了一口气，从口袋里掏出第一代 iPhone。"这种东西难道不邪恶吗？你没看到这对我们的孩子造成的伤害吗？我的几个女儿都丧失与人正常沟通的能力了。她们要怎么找工作呢？她们的未来会是什么样子呢？你能告诉我吗？"

我终于理解了这位男士的问题，或者更准确地说，我理解了问题背后的原因。他认为科技正在伤害他的女儿，剥夺了她们的未来。此时此刻，在他的脑海里，他的女儿失去了未来，他失去了自己的女儿，我作为未来学家应该承担责任。

"你认为这项技术正在伤害你的女儿吗？"我问道。

"没错。"他用力点了点头。

满屋子的听众都坐不住了。他们一会儿看看舞台上的我，一会儿看看会场后排拿着 iPhone 的愤怒的男子。他们不确定是应该迅速离场，还是留下来听我回答。

"好。"我对着麦克风大声说。

这让他措手不及，也让所有听众出乎意料。我真的要证实他有理由感到愤怒吗？

"很好，"我停顿一下又说了一遍，"你感到不安，是因为你相信这项技术正在伤害你的家人。我们需要更多人这样想，我们需要更多父母关注孩子的幸福和未来。"

男子放松下来，紧张的情绪消失了，那只高举着 iPhone 的胳膊慢慢地垂了下来。他不知道说什么，也不知道如何回答。

"我们谈谈这项技术吧，"我继续说，"智能手机仍然是非常新的东西，我们还不知道它是好是坏，我们不知道社会能接受什么，但我们必须永远记住一点：我们是掌握控制权的人。我们必须决定如何使用新技术。"

这个人可能不再像刚才那样心烦意乱，但他仍然不相信我说的话。

"好吧,我知道你不相信我,"我继续说,"我给你举个具体的例子。你们一家人会在吃饭的时候看电视吗?"

"不,我们吃饭时从不看电视。"男子回答。

"太好了!"我说。我感觉更来劲了,听众也安静下来。"这是一个父亲和一个家庭必须做的决定。你是掌握控制权的人,电视不能替你做决定。"

"我明白你的意思了。"男子回答说。他继续回味我说的话,似乎陷入了沉思。

我很想举更多的例子说明科技是人类的工具,例如电子游戏应用于辅助精神疾病治疗,新型金融科技可以减轻贫困带来的压力。男子手里的智能手机让他感到惊慌,但是美国军方当时正应用它帮助管理和治疗创伤后应激障碍病患。医生、治疗师甚至家人都不可能随时与患病的士兵待在一起,但智能手机可以。我们不必认为手机是在人与现实世界之间制造隔阂,而是应该把它当作"代理人",让它陪护陷入人生低谷的家人,并向他们伸出援助之手。我可以不厌其烦地向人群中的那名男子解释,科技通过各种方式帮人们疗伤。但是,现场突然响起另一个人的声音。

"太好了,谢谢大家。"这是布伦达的声音,她是那天晚上演讲现场的主持人。她跨过台阶爬上舞台,继续说道:"谢谢你,BDJ,谢谢你的演讲,谢谢你留出足够的时间来回答问题。我们再次为

BDJ 鼓掌好吗？"

听众鼓掌，然后收拾东西准备离开。

"太令人兴奋了。"布伦达说着，搂住了我的肩膀。

"的确如此，"我笑了笑说，"最后这个问题问得好。"我扫视了一下观众席寻找那个男子，但是他已经消失在了人群中。

21 世纪的技术恐慌

在旧金山的那个晚上改变了我的世界观，也改变了我对未来学家的认识。在那一刻，我意识到我对人们负有重要的责任，那就是帮助他们认识到技术并不能决定未来。他们能决定未来，你也能决定未来。这种信念是未来投射的另一个基础，前两个基础分别是：未来是由人创造的；人在哪里，未来就在哪里。这两点可能有些抽象，但是在一般情况下，人们是能够理解的。

关于技术的看法更难让人相信。这是因为 21 世纪人们对科技的影响充满恐慌和焦虑。我经常遇到一些类似旧金山那名男子的人，他们害怕科技剥夺他们的未来，更重要的是，他们对此无能为力。在过去的几十年，技术本身变得越来越复杂，这种无助的心态也越来越普遍。人们觉得无法理解科技，更不用说掌控科技了。查普曼大学对 1 500 名美国成年人做的"美国人恐惧调查"显示，排名前 5 的选项中有 3 种与技术有关：网络恐怖主义、企业追踪个人信息、政府追踪个人信息。

在某种程度上，这是科技公司的意愿，它们花费数十亿美元创造日益复杂的技术，这些技术像病毒一样在全球传播，扰乱了企业，改变了文化。人们一次次地对我说："感觉未来一天比一天来得快。"我们仿佛正站在一场巨大的技术海啸面前，它的力量足以摧毁我们所知道的世界。科技公司并不介意这一点，因为它们可以借此控制叙事。考虑到孩子也处在这种乱象之中，人们的恐惧几乎达到极限。就像旧金山那名愤怒的中年男子一样，人们不知道如何保护生命中最在乎的东西。

我理解那名男子的愤怒和沮丧，也理解他为什么要责备我。但事实并非如此。技术不能控制未来，开发未来的公司也不能。能够控制未来的是人，能够创造未来的也是人，而不是技术。没错，技术会对你的未来产生相当大的影响，但是你在它面前并非无能为力。我是怎么知道的呢？因为我以前经历过。

历史学家和未来学家走进同一家酒吧

当人们得知我和历史学家密切合作时，他们总是感到惊讶。他们认为未来学家和历史学家是对立的，就像《西区故事》中的鲨鱼帮和喷气机帮、《罗密欧与朱丽叶》中的凯普莱特家族和蒙太古家族一样。我们仿佛猫和狗，是两个不可能和睦相处的群体。但是事实并非如此。历史给我们提供一种语言框架,可以借此谈论未来会发生什么。如果讨论技术,我们需要从人类和机器的历史开始。

在这场辩论中,我最喜欢的对手之一是詹姆斯·卡洛特。他是历史学家,自称反主流人士,看起来也是如此:他身材高大,留着长长的红胡子,戴着约翰·列侬同款的圆形小眼镜。詹姆斯研究的是历史和文化的交汇以及这种交汇如何影响未来。

2018 年,我和詹姆斯相约在西雅图他家附近喝啤酒。他除了睿智过人,还知道去哪里品尝最新鲜的精酿啤酒,这让我钦佩不已。这次,他带我去了位于著名的派克市场的派克啤酒酿造厂的酒吧。这里到处都是商店和食品摊贩,其中包括那些著名的鱼贩,他们会将当天捕的鱼抛向毫无防备的顾客。如果你挑了一条当天早上从西雅图附近冰冷的海水中捕捞的奇努克三文鱼,他们会当面清理干净,然后把它扔给对面的收银员,收银员用纸包好,让你把鱼带回家。

在欣赏了市场的场景、听了叫卖声、闻了各种气味之后,我和詹姆斯来到派克啤酒酿造厂的酒吧,点了两杯印度淡色艾尔啤酒。

詹姆斯曾在合作初期对我说:"过去是通向未来的入口。其实,历史并不会重演,但是历史是我们用来谈论未来的语言。我们没有其他语言和词汇描述未来,我们总把未来和过去的经历进行比较。"

今天,我想在人们对科技心怀恐惧的背景下继续和詹姆斯对话。这不是什么新鲜事。我们能从过去得出哪些技术方面的教训,为明天准备得更周全,更清楚地看到自己的未来呢?

"科技带来的焦虑似乎日益严重，"我开口说道，"我遇到的很多人都有一种非常具体和明显的恐惧，担心技术影响他们的未来，或者更具体地说，技术将控制他们的未来。"

"我完全同意。"詹姆斯边说边摘下眼镜，心不在焉地擦了擦，这是他即将陷入沉思时的惯用动作。"无论去哪里，我们都会听人说，由于某种新技术革命，我们的生活从此将发生改变。见鬼，我住在西雅图，这里就是这种想法的源头。"

"但是这种想法不是刚刚产生的，"我插话道，"科技已经存在了——"

"很长时间，"詹姆斯说出了我的想法，"你可以从史前的手斧开始讲起。"

"没错，"我说，"但人们对史前的手斧没有这种感觉。手斧不是一场改变世界的革命，它只是一个有用的工具。"

"部分原因是广告，"詹姆斯回答说，"科技公司希望你相信革命。比起兜售一种简单实用的工具，这更吸引人，也更令人兴奋。"

"同意，"我说，"但你必须承认，如今科技带来的恐惧和焦虑，比我们以前见过的任何事情都要严重。"

"也许是这样，"詹姆斯认可道，"但是，如果你想追溯焦虑的根源，那就得追溯到 20 世纪世界大战期间的技术进步。原子弹的发明标志着技术达到了顶峰，它摧毁了广岛和长崎，改变了一切。"

"究竟为什么呢？"我问道。

"威力太大了，"詹姆斯回答，"用枪射杀一个人是一回事，但按下按钮摧毁整个城市则是另一回事。人们无法理解这种技术。"

"如今，科技的威力仍然让人们感到恐惧吗？"我问道。

"在 20 世纪中叶，人们仰望着科学创造的奇迹。"詹姆斯继续说。他把手放在我面前，扭动着手指，就像在变魔术一样。"人们想象种种不可能的未来，希望科学解决我们所有的问题并改变一切。一开始希望很大，但是随着技术威力的增加，它开始势不可当。以核战争为例。谁能真正理解它呢？这个概念太大了，内涵太丰富，我们无法理解，所以我们觉得无法控制它，是它控制了我们。"

詹姆斯说话的时候，我想到了基思·德夫林博士，他被称为"数学达人"。他是斯坦福大学人文科学和技术高级研究所的执行董事，他还有很多其他头衔。基思喜欢教数学，让人们从不同的角度思考，他认为我们大多数人都不知道数学到底是什么。他曾经解释说："数学不是关于运算、计算和解方程，它是在用我们几个世纪以来学到的某种极其强大的方式思考世界。"[1]

基思称之为"数学思维"，我认为这对我们思考技术的未来很有帮助，特别是考虑到我和詹姆斯的对话。"数学是作为一种心理和社会建构而存在的，"基思说，"研究数学其实是在更多地了解世

---

[1] Keith Devlin, "The Joy of Math: Learning and What it Means To Be Human," interview by Krista Tippett, *On Being,* NPR, September 19, 2013," https://onbeing.org/programs/ keith-devlin-the-joy-of-math-learning-and-what-it-means-to-be-human/.

界，而你真正要了解的是人类大脑如何认识和理解这个世界。在某种意义上，数学是你观察世界的一面镜子。但是，从更深层意义上讲，它是你以一种非常抽象和深刻的方式审视自己的一面镜子。"

我同意詹姆斯的这个观点，于是补充道："我们可以用同样的方式思考技术。它只是帮助我们观察世界和我们的位置的一种工具。我们需要记住，我们是主导者，技术终究是我们更好地了解自己和未来的一种方式。"

詹姆斯说："这肯定有助于改变技术在我们心中的影响力，让我们更容易控制技术，更有信心掌握自己的命运。这就像是《大宪章》再次阐明了人权。"

"什么？"我问道。

"你知道的，1215 年的文件，"他说着，朝我抛出不屑一顾的表情，"这一切都要追溯到文艺复兴时期。"

"等会儿再讲！"我喊道，我能看出詹姆斯来劲了，"我再去买两杯啤酒。然后，你可以告诉我现代思想的起源。"

让我们谈谈科技

闪问 5

好了，历史课结束了，让我们按下暂停键，了解一下你对技术的更多想法和感受。设置闪问将有助于我们深入讨论。显然，每个人与科技的关系都是独特的，这在很大程度上取决于他们的成长经历和早期的童年经历。

拿我来说，我的父亲是电气工程师，母亲是 IT 专家。早在 20 世纪 70 年代，妈妈常常带回家一种叫"个人电脑"的古怪的新事物，让我周末在家摆弄修理。我还记得爸爸把一张张大幅的电路图从雷达实验室带回家，在餐桌上铺开。他会查找电路，解释各种组件的工作原理。对我来说，这就像在听故事。几周后，他把无用的零部件带回家，让我把它们拆开，亲自探索他之前告诉我的故事。可以说，是他们把我培养成未来学家的。至少，我的家人使我对科技痴迷，对此我永远心存感激。

你呢？你对科技有什么看法？为了回答这个问题，我希望你在记事本上写下以下问题的答案。

▶ 问题 1：在你的童年，有哪些科技扮演过重要的角色？

这个问题是为了让你思考自己过去和科技的关系。我曾经问过一个朋友这个问题，他讲述了一个悲惨的故事：他把一辆遥控汽车拆开，想弄清楚它的工作原理，结果却被爸爸大骂一通，说他浪费钱。可怜的孩子用了好几个星期才把汽车组装好，这让他更加讨厌科技。

对其他人来说，科技打开了一个充满惊奇和想象力的世界。从电子游戏到机器人，孩子们通常都喜欢科技。我和孩子们一起制造机器人，他们提出了最神奇的想法。我见过穿着斗篷和工装裤的机器人，在它的脑后有一个开关，按下开关，机器人就会讲一些好笑或者不那么好笑的笑话。我还制造过一个会放屁的机器人。无论是年轻人还是更成熟的人，当机器人停止工作放了个屁时，你会看到那种纯粹的快乐。对许多人来说，科技可以充满奇迹和幽默。

现在来看看你的情况。

追问：

- 这段经历如何影响你的科技观？
- 它是否让你想要的东西不仅与科技不同，也与整个世界不同？
- 你希望自己年轻时的科技体验是什么样的？

当我和人们交谈时，他们通常分成两派：有些人希望童年时拥有更多科技产品，另一些人则希望少一些。不仅谈谈你过去的经历，而且谈谈你希望现在和以后发生的事情，这都是很有帮助的。

▶ **问题2：智能手机的三个优点和三个缺点是什么？**

这个问题是为了捕捉你目前对科技的感受。对大多数人来说，这并非二选一的决定。智能手机有你喜欢的优点，也有你不喜欢的缺点。

下面我们进一步了解一下你目前的看法吧。

追问：

- 对于消极的方面，你认为应该责怪谁？积极的方面又该归功于谁？
- 这些年你对手机的看法发生了哪些变化？

- 当你和朋友、父母或孩子谈论手机时，你怎样形容它？

我们与技术有着复杂的关系，它已经成为我们生活中不可分割的一部分。这并不是什么新鲜事。56% 的美国人给他们的汽车命名。我们将科技人性化，因为它们是我们日常生活的重要组成部分。技术越复杂，关系就越复杂。

▶ 问题 3：在未来 10 年，自动化会对你的职业产生什么影响？

现在我们要展望未来。关于机器人造成失业等世界末日般的担忧随时可见。我倾向于认为这些担忧被夸大了，希望这不会影响你的答案。当然，你的答案取决于你的工作类型。还有其他因素影响你的想法吗？

追问：

- 你希望科技的未来是怎样的？
- 你和科技的关系有没有可能变得更好？
- 你认为谁有控制权？

这些问题探讨的是为什么人们对科技如此焦虑。这与控制有关。我现在不想做空洞的分析，只是重申一点，即你与技术的关系是由你无法控制的力量塑造的。但是，其他的一切事情也是如此。科技的不同之处在于，它在我们的文化中起着非常大的作用，所以它的神秘感让人感到有点害怕。我希望你更深入地思考自己和科技的关系——也许你会第一次发现自己才是真正的控制者。

技术只是另一种工具

当我们想到科技对未来的影响时,我们需要明白,任何一种恐惧的感觉都不是因为科技本身,而是因为我们自己的无力感。这是一种对我们可能永远无法理解的复杂事物的恐惧。

技术本身没有任何力量。技术只是一种工具。工具是无用的,也不会让人觉得有趣。锤子就是锤子。只有当你用它来建造东西——一艘船、一栋房子、一辆供你的孩子出行时乘坐的马车时,它才会变得有趣和有价值。工具只有在对人们的生活产生影响时才有意义。就像我在旧金山对听众讲的,我们需要通过技术对生活的影响来判断其价值。我们如何利用技术让人们生活得更加美好呢?更具体地说,你如何利用科技让自己生活得更美好呢?你如何把技术当作工具,帮助自己实现想要的未来,避免不想要的未来呢?

如果我们改变对科技的看法,或者我们能记住科技的力量掌握在人类手中,我们就向着一个不同的未来迈出了第一步。一旦我们看到新的可能性,就可以仅仅把技术看作一种工具,帮助我们走向新的未来。

科技使人们生活得更美好,这是我作为未来学家所做的一切工作的基石。我一直都想做到以人为本。这不仅仅是一种理论,还是付诸实践的理由。我总是用这个标准来评判科技。通常,检验这一标准的最佳对象是脆弱群体:儿童和老人。如果科技能够让他们更健康、更快乐、更安全，这种技术就更有可能成功。下面，请听听我的分析吧。

周围都是巨人

"在我们离开之前，我看到又有一个学员跳进了喷泉。"阿尔突然说道，打破了长时间的沉默。

"阿尔"是"阿尔弗雷多"的简称。"就像意大利面酱。"他在第一次见到别人时喜欢这么说。我和阿尔合作了很长时间，这个笑话已经不再好笑，而是变成了口头禅。每次聊天快结束时，如果他不说这句话，我都会觉得有点奇怪。

"你刚才看到了什么？"我问道。我坐在阿尔旁边，我们正沿着25号公路从科罗拉多的斯普林斯向北前往丹佛。在经历了漫长的一天后，接近傍晚时分，我想闭上眼睛休息一会儿。

"BDJ，你刚才睡着了吗？"阿尔问道，"我是说，我去接你的时候，看到又有一个学员跳进了学校的喷泉。"

"哦，明白了，"我说，"没错，每年这个时间都是这样。在这次旅行中，我看到了三个跳喷泉的人。"

我和阿尔在美国空军学院一起做威胁投射研究。阿尔是丹佛的安全研究员。他开车送我往北走，让我第二天早上坐飞机回俄勒冈。

现在说说喷泉。在每一学年结束时，跳喷泉都是一项传统，高年级学员在期末考试后会穿着全套军服跳入空中花园喷泉。他们的快乐是会传染的。

车内又安静了下来,我闭上眼睛,听着引擎发出的噪声,昏昏欲睡。阿尔在驾驶座上稍微动一动,整辆车就会晃动起来。无论从哪个角度看,他都是个大块头。他大半生都在特勤局工作,现在为高科技公司和军队做安全研究。

"大块头,没问题吧?"我问道,眼睛都没睁开。

"没有,"他说,"我的意思是没啥事,但也有点问题。"

"出了什么事吗?"我问道,"需要我开车吗?"

"我想你还是开会儿吧,"他不好意思地回答,"这些天我睡得不多。"

"完全没问题,"我打起精神,"听到你提起自己的事情,我感到很高兴。"

我们靠边停车,换了座位,又重新上路。科罗拉多斯普林斯和丹佛之间的风景令人赞叹,巨大的山脊和山顶在午后金色的阳光下看起来奇伟壮丽。

"你睡眠不好吗?"我问道,"一切都好吧?"

阿尔说:"自从孩子们确诊以来,我每天睡不到两个小时。"他的两个儿子分别是9岁和12岁。大约5年前,他们在几个月内先后被诊断出患有胰岛素依赖型糖尿病。他接着说:"半夜血糖忽高忽低是一部分原因,但我和妻子都能应对。最近我非常焦虑,几乎夜不能寐。我担心他们的未来。你有什么建议吗?"

我长叹了一口气:"针对糖尿病患者的未来,我从来没有做过研究。"

"有趣的是,每个人都告诉你,5年后就会有治愈的方法,"阿尔继续说道,"前几天我遇到一个人,他患糖尿病已经30年了。当我提到5年承诺时,他笑了,说他第一次确诊时也有人这样告诉他。"

"呃。"我摇了摇头。

"说真的,希望不大。"阿尔说着,用粗大的手指敲打着仪表盘。"但我问你的不是这个,我知道你不是糖尿病专家,我真正想谈的是技术。有什么新技术可以帮助我的孩子吗?我希望你能够预测一下这件事。"

"好吧,"我低头看了看手表说,"到达丹佛还需要一个小时。我们深入研究一下吧。"

外面的光线开始变暗。群山就像地平线上矗立着的巨人。

"通常我会问人们,'你想要的未来是什么,你想避免的未来是什么?'但我想你已经知道了,对吧?"

"是,"阿尔点了点头,"如果无法治愈,我希望我的孩子尽可能保持健康。这意味着可以给他们提供最好和最新的技术来控制他们的病情。"

"到目前为止,技术发挥了什么作用?"我问道。

"就像大救星一样,"阿尔肯定地说,"有CGM。"

"CGM？"

"就是动态血糖仪，"他解释道，"这种仪器会实时监测他们的血糖，将结果直接发送到我的手机上。"他举起手机，手机上的APP一直在线。

"哇。"我说。

"还有一个胰岛素泵，可以做到精准给药。"

"太棒了。"

"的确如此，"他回答说，用手背蹭了蹭胡子，"唯一的问题是，我不确定自己错过的还有哪些技术，不知道人们正在研发哪些新东西。"

"错失恐惧症。"我说。这是现代科技社会一种普遍的状况，它通常出现在社交媒体上的青少年身上，但我们也都有错失恐惧症的经历，比如为了孩子的健康和幸福而焦虑。

"没错，"阿尔表示同意，"这一切都超出了我的控制范围，就像是在受医生、保险公司和不知名的大型生物技术公司的摆布。"

"我认为这就是我们正在谈论的未来。为了这个未来，你正在竭尽所能，不用担心会漏掉一些关键的东西。"

他摇了摇头说："我不明白。"

"你想要的是这样一种未来：你尽最大努力去做每件事，同时相信自己已经做好了万全的准备，再也没有什么事情要做了。这是一个你征服了所有未知的未来。"

"也许吧。"他说,仍然有些茫然。

"你想要的未来包括两个方面。第一是尽你所能,第二是知道自己正在采取所有可能的措施。关于未知的事情,最大的困难恰恰是它是未知的。人们需要的是安全感和掌控感。"

"就是这一点!"阿尔大声说,"我感觉无法受控制,很多大公司已经投入数百万美元。怎样才能把它们融入我们的未来?"

"我们一步步来看,"我说,"对过程进行分析。"

天空一片漆黑。如果在黄昏时没有看到沿途的景色,我们可能都不知道四周环绕着群山。

"我们知道你想要的未来,"我开始说,"你想确保自己在做力所能及的一切,感觉自己能控制整个过程。现在我们需要弄清楚哪些人可以帮助你做到这一点。"

"医生和医疗团队。"阿尔回答说。

"还有谁呢?"我催问道,"记住,我们想再进一步。"

"你是说研究人员和生物技术公司?"

"对,"我说,"你需要写下谁在做这项研究。有哪些大学?哪些公司?是否有支持团队或人员在共同研究?经过观察和询问,你就会全面了解那里正在进行的研究情况。"

阿尔拿出笔和记事本,开始写下自己想起的答案。有在当地成立的青少年糖尿病研究基金会的分会,但他迟迟没有去接触。还有佛罗里达的糖尿病研究基金会,这是世界上唯一一个专门研究糖尿病生物疗法的机构。

"糖尿病研究所正在针对细胞移植做一些惊人的研究,"阿尔说,"但我真的不知道。"

"你需要做出改变。"我说。

然后,我们开始探讨工具在未来投射过程中的作用。"这些技术或组织将有助于你实现自己想要的未来。"我说。

阿尔绞尽脑汁想了很多。他需要做更多研究,其实通过与疾病抗争的5年,他已经获得了很多知识和信息,这让他自己都感到惊讶。他只是从来没有花时间把这些东西汇总起来,我在未来投射中经常看到这种情况。人们一旦开始思考未来,一切就会豁然开朗。还有更多工作要做,但是想象未来是投射过程的关键阶段。

"最后是专家,"我告诉阿尔,"有谁以前做过这件事?谁成功实现了你构想的未来?"

"问得好,"阿尔说,"加州的大脚生物医学公司在胰岛素输送方面做了很多变革性的研究。这家公司是由一个量化投资的天才创立的,他的小儿子被诊断患有胰岛素依赖型糖尿病。他辞去了工作,重新确立了人生目标,想让糖尿病患者和他们的家人生活得更轻松。我一直想联系他们,只是没有时间。"

远处亮起城市的灯光。我们快到丹佛了,但是我想让阿尔继续完成未来投射。我请他开始逆推。

如果未来阿尔能够获取可能治愈儿子糖尿病的技术,那么他需要积极接触医学公司、糖尿病研究基金会或者其他任何组织。要抵达1/2半途，他需要通过任何他所认识的个人关系接触这些机构。他需要汇总各种思路，制定一个详细的待办事项清单。

"你知道吗，BDJ，"当我们进入丹佛国际机场时阿尔说，"5年来，我从未感觉这么踏实过。我想我今晚可以入睡了，至少在凌晨3点其中一个男孩的血糖降下来之前。"

"我很高兴你这么说，阿尔，"我说，"而且根据你讲的情况，过去终将过去。"

用未来证明你的职业

通过未来投射，阿尔弗雷多把他对科技的恐惧变成了家人最有价值的资产之一。他曾经觉得自己被科技控制，但现在掌控了科技。他的两个儿子茁壮成长，他甚至在关注几个令人兴奋的临床试验。

其实，阿尔对技术的恐惧与技术毫无关系，而是与权力和复杂性有关。我的历史学家朋友詹姆斯在前文解释过，技术太强大，人们就会感到恐惧。他们担心技术会以他们无法控制的方式改变自己的生活。

跟旧金山演讲时那名愤怒的听众一样，阿尔深爱自己的孩子，愿意为他们奉献，这是他的恐惧根源。他知道自己想要的未来，也知道自己想避免的未来。只是恐惧模糊了他的视线，他不知道怎样实现这种未来。

未来是由人创造的，而且是基于当地的。构建未来的人是在某个地方生活和工作的普通人。他们和其他人在一个特定的地方共同开发未来技术。阿尔的故事告诉他，这些人都是可以找到的。

我希望每个人与科技的关系都是如此。科技是工具，是为人服务的。对于我帮助过的每一个客户，从跨国公司到飞机上坐在我旁边的乘客，技术都是推动他们走向理想未来的工具之一。

当然，技术过载是存在的。每年夏天，我都会花一周的时间去爬胡德山后山，前往一个没有电和自来水的露营地。这里位于太平洋西北部，树木高耸，没有手机信号。每一年我都会来这里远离"科技上瘾"。在很多时候，科技是不可避免的。

这一点在工作场所是再明显不过的。接下来我将讨论职场，特别是对职场自动化的恐惧。说到科技，人们向我表达的最多的恐惧来自职场。他们担心某种技术——机器人、计算机、机器——将淘汰他们的职业。

机器将取代你的工作
（嗯……有几分可能）

当人们向我提出这种世界末日的设想时，我的回答通常是：如果机器能取代你的工作，那你的工作可能糟透了。我知道这话有些苛刻，但这是在催你上进。如果机器真能取代你，那就意味着是工作把你变成了机器。但你不是机器,你是人。所以,你的工作不重视你的人性,或者不尊重你作为人的身份。

尽管说机器夺走了你的工作,这可能很糟糕,但是我知道你的薪水却非常讨喜。这才是真正令人恐惧的。人们担心自己会被科技取代,没有地方上班。得克萨斯州贝勒大学社会学家和研究员保罗·K. 麦克卢尔在 2018 年做的一项研究显示,与非技术恐惧症患者相比,技术恐惧症患者更有可能出现与焦虑相关的心理健康问题,更担心失业和经济不安全。在美国,一大部分人都存在这种担忧,而机器人和人工智能正以惊人的速度进步。

原来由人做的工作,现在越来越多地由自动化机器完成,这是事实。重要的是要记住,取代你的不是技术,而是那些组织和公司的经营者。你可以仔细观察他们,看看他们在做什么,他们在哪里投资,他们如何利用技术替代工人来节省人工成本。但是这也不是什么新鲜事,我们以前也遇到过这种情况。

避免灾难

如果我们可以借助历史探讨未来,那么也许詹姆斯可以帮助我们理解如何应对可能的未来。手机上保存着一个历史学家的电话号码真好,现在我就打电话给他。

"你知道,我对未来很乐观。"我开始说。

"是的,我记得。"詹姆斯说。他清了清嗓子,开始了一次愉快的长谈。

"但是，还有许多力量把人们吓得胆战心惊，让他们对未来感到悲观，"我说，"排在第一位的是对职场自动化的恐惧。"

"机器人启示录！"詹姆斯喊道。

"这可能有点极端，"我说，"但没错，这是对技术性失业的恐惧。"

"这是不可避免的，"詹姆斯直截了当地回答，"技术只要存在，就会一直取代人类的工作。这是人造成的。我们发明技术和机器替我们工作。我们精于此道。"

"但是展望未来，我们会发现这种影响可能会相当大。"我说。

"历史上机器取代人的劳动的例子比比皆是，造成了巨大的经济社会后果。想想传奇人物卢德吧。在18世纪的英格兰，织布机让他丢了工作，据说他一怒之下把新式机器砸得稀巴烂。"

"这就是'卢德分子'这个词的由来。"我说。

"没错。今天如果人们反对技术，他们就被称为卢德分子，以此向卢德和普遍抵制机器自动化的行为致敬。约翰·亨利是另一个例子，他来自美国，'约翰·亨利是一个钢钻工'。"詹姆斯借用古老的民歌，模仿男中音唱道。

我在上小学时就已经听过这个故事，钢钻工人打败了蒸汽动力钻机，但是却付出了生命的代价。

"对于学生来说，这真的是一个令人悲伤的故事。"我沉思道。

"没错,但是教训深刻。"詹姆斯回答。

"那我们该怎么办呢?"我问道,"如果机器自动化已经有这么长的历史,而且在未来也没有停止的迹象,那么有没有一种方法可以让人们消除一些恐惧呢?"

"首先,人们需要明白自动化可以扩大生产规模。它不仅能让企业降低人工成本,还能提高生产效率。机器的工作效率很高,永远不会疲劳,可以以人类做不到的方式进行优化。"

"这适用于所有技术,"我补充道,"包括机器和数字技术。工厂、自动驾驶汽车、人工智能都是如此。"

"甚至互联网,"詹姆斯赞同道,"很多人因为互联网失去了工作。比如旅行社,现在剩下的已经不多了。工作实现自动化以后就可以扩大规模,企业就会变大,这就是问题所在——企业大了,就会对文化和经济产生很大影响,同时也会引发关注。人们看到了正在发生的事情,也看到了工作机会流失,于是开始担心。"

"那么我们思考未来时,应该思考什么?"我问道。

"首先,所有的工作都不会消失,"詹姆斯回答说,"看看所有关于家居自动化的头条新闻,猜猜有多少工作已经完全过时了?"

"我猜不出,"我问,"有多少?"

"只有一种,"詹姆斯说,"在劳工统计局 1950 年的人口普查中列出的 270 种职业,有一种已经不复存在。猜猜是哪一种?"

"给点提示吧。"我说。

"电梯操作员，"詹姆斯说，"这是唯一一份真正消失的工作。实际上，仍然有很多工作可供选择，而且永远会有。专业工作、贸易、手工艺以及任何与人有关的工作，比如照顾他人或与他人交谈。人喜欢同类，有些工作根本不想让机器替我们做。"

我想起基思·德夫林博士的一句话，说的是我们应该花更多的时间做一些大脑适合但计算机不能做的事情，比如价值判断或者推理。

詹姆斯说："还有远离核战争。"

"核战争？"我问道。

"冷战期间，当美国和苏联准备用核武器将对方炸成碎片时，苏联防空部队有个士兵名叫斯坦尼斯拉夫·彼得罗夫。1983年，他在苏联核预警指挥中心执勤。那段时间两国关系非常紧张。苏联击落了一架韩国客机。几周后，预警系统突然失控，告诉彼得罗夫美国已经向俄罗斯发射核弹。机器称第三次世界大战已经开始。"

"全球核战争。"我补充道。

"是的，这是每个人最害怕的事，"詹姆斯继续说，"彼得罗夫观察到第一次袭击。不过，问题的关键是彼得罗夫并没有发动反击。他所接受的训练告诉他应该进行反击，但是他没有。为什么呢？因为他知道美国不可能进攻，美国很清楚苏联会发起反击，所有人都会死。他认为是假警报，是系统故障，事实确实如此。他违抗了命令，却拯救了世界。"

"这个故事很有意义。"我说。

"这个例子也很好地说明了为什么有些工作永远不应该交给机器，"詹姆斯说，"如果斯坦尼斯拉夫·彼得罗夫的工作已经自动化，我们今天很可能就不会存在了。"

防范职场自动化

决定未来的是人类，不是技术。但是，仍然有机器取代人类工作的实例，而且这一趋势可能不会放缓。早期有一些科学论文预测的未来特别暗淡。

2013年牛津大学的两名研究人员卡尔·本尼迪克特·弗雷和迈克尔·A. 奥斯本发布了一份报告，题目是《就业的未来：工作受计算机自动化的影响有多大？》。他们得出的结论是在未来20年，将近50%的工作岗位可能会彻底消失。2015年，经济合作与发展组织也发布了一份报告，显示14%的工作"很可能受影响"。好在这个预测还没有那么悲观。后来，新的研究修正了这种观点，认为自动化在经济中创造的就业岗位要多于毁掉的就业岗位。

在我看来，真相可能介于两者之间。自动化在某些领域会给就业市场带来好处，而在另一些领域则会造成压力和混乱。同样，技术对不同职业的影响也不总是非黑即白：一方是赢家，另一方是输家。我最近去给纽约大学的学生做演讲时想起了这一点。

讲座结束后，主持讲座的金教授问我是否愿意去见她的家人。

"你得跟我的女儿亚历克斯讲讲道理,"我们从学校前往地铁站时她说道,"她正在学习,想做注册会计师。"

"真的吗?"我问道,"她知道注册会计师的岗位越来越少吗?"

"我跟她说过,但是她说她真的很喜欢数字,认为这个职业不错。"

当我们到达金教授的公寓时,我见到了她的伴侣乔治娜和女儿亚历克斯。介绍完毕,我和亚历克斯坐下来聊天。

"你的妈妈告诉我你想成为注册会计师。"我说。

"没错!"她笑了笑说,"她可能是请你来给我讲道理的吧。"

"是的,"我点了点头,"我是未来学家,我得告诉你,由于自动化和人工智能的发展,会计师将会像送奶工和电话接线员一样消失。"

"我知道是这样,"她说,"因此,我还在辅修系统工程学。"

"你的意思是?"我说。

"我打算学习人工智能并运用到工作中。这种新型的注册会计师将会淘汰传统的注册会计师。"

她说得没错。金融公司会聘请注册会计师来训练人工智能,亚历克斯成功地对自己的事业进行了未来投射。

"我喜欢数字,"她补充道,"我一直想成为注册会计师。"

她根本不需要我的帮助。"你有没有想过以未来学家为职业?"吃晚饭时我问她。

亚历克斯的故事说明，即使是像会计师这种容易受自动化影响的职业，也可以经得起未来的考验。我经常倡导这种策略，即积极创新。从表面上看，人工智能对会计师构成了"生死存亡"的威胁，但是亚历克斯改变了这种想法，将人工智能当作构建职业生涯的工具。

针对职业淘汰还有其他应对策略。如果你是初出茅庐，那么持续学习至关重要。信息在不断变化。我不在乎你是不是刚从哈佛大学毕业，你所在的领域总会发生一些新的变化，跟不上就会落后，因此需要终身学习。这并不意味着注册参加全日制课程的学习（传统教学也可以活跃思维、增长见识）。你还可以读一本与工作相关的书，或者加入专业的社交网络，关键是要积极投身于快速发展的行业。

你需要随时拓展自己的技能。在工作场所，多样化的技能组合一直非常重要，而且随着自动化程度的提高将更加重要。要重视行为技能，因为基于人的工作受自动化影响最小。如果缺乏阅读、写作等沟通技巧，就去参加专门的研讨会提高这方面的技能。如果缺乏领导能力，比如激励团队成员和解决冲突的能力，那就想办法去培养这些能力，也许可以通过志愿者去培养。

最后，一定记住要保持人性。需要再次强调，人是万物的中心。无论机器学习多么先进，无论人工智能多么成熟，它们都无法取代人与人之间的互动。你在工作中的情商越高，你就越不可或缺。

幽默、同理心、心智化等品质或者理解人的外显行为之下的心理状态，在未来会变得更有价值。我意识到不是每个人都善于交际。但是，甚至最内向的人也能找到方法，在职场建立新的人际关系，这有助于提高长期就业能力。

接下来：所有恐惧之源

人们对未来怀有许多恐惧，而科技就是根源。读完本章，你会明白这种恐惧是没有根据的。技术可以让你重新获得力量，消除恐惧。关于未来投射过程中的恐惧，我希望不用再去讨论。但不幸的是，这一类话题还有很多。罗斯福有句名言："我们唯一害怕的就是害怕本身。"也许真的如此。要找到恐惧的根源并非易事，但这是完全可行的。就像用未来投射法解决所有事情一样，第一步同样是开始行动。

07

我们所有的黑暗之地

本章换一种方式，从闪问练习开始。这些练习针对的问题是"恐惧"——生活中那些让你恐惧的事情。

在第 2 章，我们讨论了对未知的恐惧，因为它与未来有关。这种恐惧会支配你的生活，让你无法拥有渴望的未来。我们一起直面恐惧，表明你有能力塑造自己的未来。在人员、地点和技术的帮助下，你发现自己不仅可以想象未来，还可以实现未来。你不必因恐惧停滞不前，你可以克服恐惧。

我完全相信这一点。但我也知道，并非所有的恐惧都是相同的。有些恐惧非常复杂，难以捉摸；有些恐惧即使不至于让我们彻夜无眠，也会在夜深人静时让我们猛然惊醒。这些都是巨大的恐惧，它们控制了我们，让我们无能为力。要摆脱它们带来的黑暗更加困难，但是我们可以通过未来投射找到希望、树立信心、构建未来。

直面恐惧

闪问 6

好了，请回答下面三个问题，并做好记录。

▶ **问题 1：你这一生最恐惧的事情是什么？**

我们经历过一些令全世界震惊的事件，比如"9·11"事件和新冠感染。也许你正是在经历这些事件后遇到最为恐惧的事情：你或者所爱之人被诊断出严重的健康问题，陷入巨大的恐惧；童年时的你在拥挤的人潮中与父母走散，至今仍有心理阴影，甚至靠近流浪动物也让你心生恐惧。一旦确定了这个极度恐惧的时刻，描述一下当时的感受。恐惧肯定是最主要的，但是还记得其他的感受吗？比如愤怒、困惑、无力、内疚……尽最大努力去记录当时的心情。

追问：

- 对于同样的经历，今天的你有什么感受？
- 你觉得 10 年后自己会如何看待这次经历？

请思考一个问题：最初的事件发生后，自己的感受是一步步变化的。恐惧改变了吗？随着时间的推移，也许缓和了，也许会加剧，就像未经治疗的伤痛或疾病随着时间的推移而恶化。就像第一个问题一样，认真思考与这段记忆相关的任何感触或情绪。回答得越具体越好。

把现在和当时的感受对比一下。结束后，再想想现在和未来的感受。

你觉得自己能在多大程度上掌控这段影响深远的人生经历？它会遵循同样的发展轨迹吗？随着时间的推移，你认为它会呈现不同的维度吗？

▶ 问题2：什么事让你夜不能寐？

在人的一生中，恐惧是不断变化的。小时候的恐惧和成年时的焦虑是不同的。今天的父母所担忧的东西，可能与我们步入晚年后的担忧不同，但我们谈论的是内心深处的恐惧，那些你认为自己不会在客套时谈论的恐惧。

追问：

- 这种恐惧如何影响你现在的生活？
- 你会采取预防措施吗？
- 你跟别人谈过这件事吗？你说了什么？

我们的生活大多被恐惧、焦虑和担忧控制。这些情绪剥夺了我们的未来，让我们脆弱不堪。认清自己的恐惧及其可能对自己的行为产生的深层影响，也许有助于你采取一些应对措施。

▶ 问题3：未来可能发生的最糟糕的事情是什么？

我们将在本章后面讨论这个重要问题。在思考未来时，最糟糕的情况可以成为一种强有力的工具，但对许多人来说，构成了一种思维禁忌。他们不愿意思考真正糟糕的情况。有些人甚至认为产生这些想法都是病态的，但是如果你打算通过预想改善生活，这样做就是有益的。

追问：

- 你觉得自己能控制一切吗？
- 这种黑暗的未来开始时的迹象是什么？

这就是你开始从黑暗的恐惧中获得力量的方式。找到你能控制的东西是第一步，即使这种控制很弱也没关系。（我们将在后面探讨这个问题。）在通常的逆推步骤中，弄清楚实现未来需要的种种细节非常重要。探讨最坏的情况，可以帮助我们回到现实创建更光明的未来。

"面对黑暗，快速行动"

我是知名的未来学家，我出名的一个原因是提出来"威胁投射"策略，你们可能记得我曾在第3章讨论过。顾名思义，"威胁投射"是为了识别未来的威胁，并提出应对策略。这些威胁可能针对企业，也可能针对国家安全或经济稳定。我和我的团队首先会识别可能的威胁，然后找出最佳办法进行干扰、减轻或排除。

我曾经为美国陆军、联邦应急管理局以及许多私人公司进行过威胁投射。我们探讨过核扩散的未来、人工智能武器化以及大规模杀伤性数字武器的影响。这种工作会让人心生怯意，但是它的确可以提高我们的应对能力。在我负责的亚利桑那州立大学威胁投射实验室，我们的座右铭是"展望未来，付诸行动"。我们不仅指出可能的黑暗未来，还提供具体的规避步骤。

在实验室，我们还有一个默认的座右铭是"面对黑暗，快速行动"。我们的工作是尽快识别威胁，快速采取应对之策。在烧烤派对上，当人们问我是做什么的，我会谈到一些相关的事情。我开口后经常会忘记一点：对大多数人来说，在一个普通的星期三，探讨生物武器的广泛使用这个话题并不合适。所以，当我猝不及防讲到过于黑暗的东西时，我经常会从人们脸上看到惊讶的表情。他们坐立不安，垂下眼睛盯着自己的热狗。我在派对上就是这样说话的。幸运的是，我通常会察言观色，迅速把话题换到棒球或追剧上。

然而，尽管我的工作是为了应对各种各样黑暗的未来，但是许多同事都说我是他们见过的最乐观的未来学家，这一点非常有趣。我想向他们解释，我的工作就是发现威胁并确保它们不会发生。我努力使未来更安全，这样就不会对明天感到悲观。

让我害怕的东西

作为未来学家，我提出威胁投射，花费大量的时间探索黑暗之地。经常有人问我什么东西让我最害怕。如果是记者或电视节目主持人问我，我会回答说，真正让我害怕的是人们放弃自己创造未来的能力。此言不虚。人们如果放弃想象和构建未来的能力，就不会出现好的结果。

但这并不是故事的全部。

最近，一个真正让我害怕的黑暗未来出现了。2019年，我的实验室调查了一种特定的未来威胁：技术对真相的破坏。具体来说，我们研究了虚假信息（貌似真实但是虚假的信息）、错误信息（不知情时转发的不真实的信息）和恶意信息（转发针对个人或组织的私人信息造成伤害）。这三种信息都是欧盟委员会定义的"信息混乱"。在威胁投射实验室，我们研究了10年后信息混乱造成的影响，这些影响可能会由于一系列新技术进步而成为可能。我们的主要发现是：

> 在未来10年，人工智能、机器学习、量子计算、物联网、智慧城市和海陆空自动驾驶交通工具等技术的进步，让美国的对手能够实现信息失序机械化，以影响、操纵、伤害组织和个人。这些即将到来的信息失序机器（IDMs）将广泛针对不同的群体和地区。人工智能和机器学习即使不能实现完全自动化，也会提高自动化程度，允许信息失序机器实时调整，在大规模操作的同时发起个性化攻击。信息失序机器的新威胁，在于既能实时锁定微观目标，也能施加大规模影响，这种组合是独一无二的。这是对美国未来的威胁，也是对国家安全和全球安全的直接威胁。[1]

我在前文说过，威胁投射不适合胆小的人。总的来说，经过威胁投射我们发现，在不远的将来，敌人、罪犯、公司……几乎任何

---

[1] B. Johnson, "Information Disorder Machines: Weaponizing Narrative and the Future of the United States of America," Arizona State University, 2019, http://threatcasting.com/ wp-content/uploads/2019/10/threatcasting-2019-w-footnotes-PRINT.pdf.

人都可以把你作为目标，编造针对你的信息、新闻和故事。这种信息可能完全不正确，也可能只有一点符合事实，但是它会有意让你做一些通常你不会做的事情。信息"扰乱者"将点燃你的怒火，摧毁你的信仰。这些坏家伙不会在乎你对事情的态度是赞成还是反对。他们只会加剧分裂，直到我们开始全面对抗，从而让他们获得优势。

这是一种黑暗的未来，但是造成分裂的信息失序并不是我最害怕的。让我害怕的是，即使我们知道这种事正在发生，我们也无动于衷。人们看到消极的未来正在逼近，不仅不采取措施阻止，而且听之任之，这种态度让我感到恐惧。人们奔向这种未来，甚至放任它发生在别人身上。这种漠视和残忍让我害怕。我认为，人类生活在这样一个尔虞我诈的世界才是最黑暗的未来。

那要如何找到光明呢？我的灵感之一来自卡尔·萨根，他是作家、天文学家、宇宙学家、天体物理学家、天体生物学家，也是科学概念的全面阐释者。他说过一句名言："我们人类要明白，在宇宙的戏剧中，我们不是主角。我们生活在一块小小的蓝色岩石上，这块岩石甚至不是宇宙的中心。我们生活的地球，只不过是令人敬畏的浩瀚宇宙的郊区。"[1]

在巨大的黑暗空虚中，我们拥有的只有彼此。我们不能如此冷漠和残酷。当我陷入黑暗时，我会意识到我们彼此应该珍惜。这正是我写作本书的原因，也是我应对自身生存恐惧的方式。我会通过

---

[1] Carl Sagan, *The Demon Haunted World* (New York: Random House, 1996).

一次次个人谈话、班级授课和公开演讲去解决人们的生存恐惧。

个人如何将这个过程应用到自己的黑暗之地呢？下面我来讲一讲威尔的故事。

不是普通的聚会谈话

太平洋西北地区即将入夏。连绵数月的阴雨之后，乌云终于散去，天空万里无云，雾气消散，充满夏日来临前的温暖。那是一个星期六，我们参加一个朋友的生日聚会。和往常一样，我们吃东西、听音乐、嬉闹，还安排了卡拉OK，我的朋友们很看重这个安排，也少不了像往常一样多次换装，还有派对前的多次彩排。《波希米亚狂想曲》有人唱吗？《舞蹈皇后》呢？我不太会唱卡拉OK。

我认识这群人快20年了。我们根本不谈工作，大多数话题都围绕着体育、孩子和最新的八卦。所以当威尔把我拉到一边时，我很惊讶。"我能到外面跟你谈谈吗？"他用一种平静但又急切的语气问道，在一个周六的晚上，这样说话未免太严肃了。

"当然。"我点点头，跟着他穿过人群，来到空荡荡的露台上。

我和威尔是在18年前认识的。他是我妻子的朋友的丈夫，多年来，我们的关系非常密切。他在爱达荷州特温福尔斯县郊的一个农场长大。我自己也是小镇男孩，我喜欢听挤牛奶、生小牛等田园故事。成年后，他在大城市的人力资源和高级管理部门工作，但他从未丢掉田园本色。他仍然穿牛仔靴，说话也不拐弯抹角。

我们来到外面，聚会的嘈杂声逐渐变弱。他说："很抱歉在聚会的时候找你，但是……"他低下头看了看自己的靴子，然后抬头用一种阴郁、空洞的表情看着我。

"有什么事吗？"我有点着急地说。我很了解威尔，知道他有点不对劲。

"嗯，最近我真的很担心。你是未来学家，我想也许可以和你谈谈。"

"当然，"我耸耸肩，"怎么回事？"

"真的可以吗？"他说。我愿意跟他谈谈，他似乎觉得很惊讶。"我真的很感激，但是这里不适合谈这种话题，"他朝着远处的聚会示意一下，"你下周有时间吗？"

"当然。"我回答说。那时我已经搬到位于北海岸的周末度假区，打算在那里度过整个夏天。"想去海边吗？我们可以在那里谈。"

"好，我可以。"威尔点了点头。

"那是个谈话的好地方，"我补充道，"你现在没事吧？你确定要等吗？"

"确定，"威尔边说边回到屋里，"不是关于阿曼达和孩子的事情，他们很好。我不想让你担心，我要谈的是其他事情。下周我会详细解释。"

"好吧。"我把手放在他的肩膀上，我能感觉到他很紧张。"你今晚要唱谁的歌？"我补充道，试图让气氛轻松一些。

"约翰尼·卡什。"他肯定地回答。

世界的尽头

俄勒冈州的北海岸既让人生畏，又令人惊叹。1 500万年以前，在俄勒冈州和华盛顿州的交界处出现过剧烈的火山活动。熔岩喷涌而出，一路流向哥伦比亚河，迫使河水外溢，海岸线延长了60多千米。今天，太平洋冰冷的海水不断冲击着沿海山脉，山上长满了铁杉和高耸的道格拉斯冷杉。当冬天的风暴来临时，树枝在狂风中翻滚摇摆，森林看起来像一片欢腾的翡翠海。

我住的那片海滩又宽又平。由于暴风雨和汹涌的太平洋海水的冲刷，沙滩上不时出现被冲上岸的数米长的树干。没有了针叶和树根，被海水泡过的树干看起来就像苍白而笨重的骷髅。火山流和玄武岩形成了干草垛岩和石针，这些岩石从翻腾的海洋中向上隆起，就像陡峭的尖塔。它们曾经是海岸山脉的一部分，但后来被太平洋侵蚀。向北可以看到蒂拉穆克岩灯塔，它被称为"可怕的蒂莉"。当地人常说，如果你能看清蒂莉，那么这一天的天气就会很好。在冬天的大部分时间里，都看不到"蒂莉"的影子。

我的房子坐落在陆地的边缘，面朝大海，所以起了个名字叫"世界的尽头"。到了冬天，这个名字再合适不过，因为风暴袭来，狂风吹得房子吱吱作响，就像一艘倾斜的大船。

这个海滨小镇有一种特殊的魔力，你必须亲身体验才能充分理解和欣赏。这是一个散步和谈论未来的好地方。

威尔来得很早。我听到他的卡车驶进车道，然后是他蹬着靴子上台阶的声音。门开着，他走了进来。

"BDJ？"他喊道。

"在，"我从阁楼下来迎接他，"山道上开车感觉怎么样？"对于第一次来的人，我通常会问这个问题。之所以这样问，在冬天是因为冰雪，在夏天是因为壮丽的景色。

"太美了，"威尔回答说，"路上一个人也没有。"

我们聊了一会儿家庭生活，不过我看得出威尔很想切入正题。他不知道如何开始，我的朋友们通常不跟我谈论这类事情。

"今天天气真好。"我指着大海说。天空一片蔚蓝，微微有风。"我们去海边散步怎么样？"

"听起来不错。"他点了点头。

海水不断涌过来，但是岸上还有充足的空间。即使在夏天，这片海滩也不会出现人潮。今天是工作日，这里几乎空无一人。

"怎么回事？"我捅了捅威尔问道，"我怎么帮你？"

"如果认为我说的话太奇怪，或者觉得我疯了，只要告诉我，我就会闭嘴，"他边走边说，"我容易焦虑。在农场长大的人，总是觉得一次寒潮或者蝗灾就会导致毁灭，所以我猜这是我的天性，但是最近情况更糟糕了。"

不幸的是，威尔描述的这种焦虑在现代社会中日益普遍，特别是在新冠感染之后。根据美国精神疾病联盟的数据，甚至在疫情之前，就有超过 4 500 万成年人患有某种精神疾病。我不是心理医生，但是在未来学家这个职业中，我也看到焦虑和恐惧明显上升。

"你到底在担心什么？"我问道。

"似乎什么都担心。我感觉自己是个老派的人，现在看新闻，感觉真的是麻烦不断——战争、疫情、火灾，我的意思是随便选一个吧，"他用靴子踢着沙子，"我并不沮丧，而是比沮丧还严重。我焦头烂额，无法停止思考，也无法集中精力工作。有时我会忘记孩子们在房间里。你知道这有多可怕吗？我好像要疯了。"

"继续说。"我试探道。

"我小时候经常做一种噩梦，"他开始说，"你和我都经历过冷战，我相信你能理解。大概是梦到世界正处于核战争的边缘，我不是被动的观察者，而是一名士兵，即将发射一枚核弹毁灭世界。我无法阻止这一切。我看着这个世界分崩离析，这就是我一直以来的感觉，但是无法从这种感觉中醒来。"

"哇，"我说，"这真的很紧张。谢谢你的分享。"

"见鬼，"他提高了嗓门说，"谁想分享？说得再多也无济于事，我觉得快要疯了。"他声音嘶哑，用力咽了口唾沫。

我把手放在威尔的肩膀上，心想身体接触也许能帮他摆脱目前的状态。他猛地挥手甩开我的手臂，这个突然的举动让我们都有点吃惊。

"我很抱歉!"他好像受到电击一样,一下子从我身边跳开。他站在沙滩上,眼睛流露出那天聚会时的空洞神情,感到既恐惧又无助,一切都陷入无尽的黑暗。"我该怎么办,伙计?"

我需要让气氛缓和下来。

"你还好吧?"我举起双手,放在胸前,一动不动,"如果你愿意,我们可以回到房子里去。"

威尔喘着气说:"对不起,BDJ……我不是故意的。见鬼,一切都糟透了……"

我想我能帮上忙。"第一步是写下你想要和不想要的未来,"我照例说道,"这听起来可能有点简单,但它真的有帮助。根据你的情况,我认为我们应该从你想避免的未来开始。"

"好吧。"威尔说,斜着眼睛看了我一眼。

"那么,你希望避免的未来是什么样的?"我问他。

"嗯,我刚刚告诉你了。"他回答道,语气中带着一丝恼怒。

"是的,我明白了,"我说,"但是,未来投射过程的一个重要内容就是尽可能具体。"

"我不知道该怎样说得更具体,"他有点沮丧,"没有第三次世界大战?没有核灾难?不要死亡。我不想一切都被毁掉。"

"这是好的开始。"我催促道。

我能处理这种情况。有一种名为"灾难探查"的方法,如果病人不知道自己的恐惧从何而来，就会用到这种方法，让病人思考自己当前的恐惧，然后问他们对未来的担心是什么。他们想避免什么呢？在尽可能具体地回答这个问题后，再问他们一次：未来有什么令人担忧的？会发生什么事，让他们觉得如此糟糕？当他们给出具体答案时，再重复一遍这几个问题，一直循环到他们再也回答不上来。这时他们就会知道自己最大的担忧是什么，或者他们想要避免的未来是什么。这种自我审问或探查真的很有帮助。

于是，我和威尔开始这样做。

"你对未来有什么担忧呢？"我问道，"你想避免这个未来，是担心会发生什么事呢？"

"一想到会发生战争，这太可怕了。"他说。我看得出来，他还是觉得我在取笑他。

"我知道这个问题听起来很简单，"我解释道，"但要尽可能具体，针对自己和家人的情况进行回答。"

"好吧。"他说着，面向大海眺望了很长时间。"混乱和不确定性。战争、饥荒或者疾病，会使我的妻子和孩子经历各种痛苦。"

"你对未来的担忧是什么呢？"我问道，"你想避免它，是担心会发生什么事吗？"

"战争让每个人面临危险，"他说，"大流行让所有人受到威胁。"

"那你担心什么呢？"我问道。

"我们会受到伤害，"他说，"可能会丧命。阿曼达和孩子们都会死的。"

"这让你担心什么呢?"我问道。

"死亡,伙计,我无力阻止它!"他喊道,脚尖踢着沙子,"如果我不能阻止他们死于战争或者疫情该怎么办?我死了,丢下孤苦伶仃的他们,该怎么办呢?"

"这太可怕了。"我过了一会儿说道。威尔已经说清楚了自己想要避免的未来。

"简直像地狱般可怕,伙计。"他最后说。

生活在死亡边缘的未来学家

对死亡感到恐惧是人之常情,同时也会产生巨大影响。不言而喻,人类害怕死亡。但是对我来说,知道这一点还远远不够。作为应用未来学家,我的目标是让人们用新的方式看待未来。我希望人们能看到不同的未来,并让他们远离黑暗。基于这种考虑,我花了很多时间和人们谈论黑暗之地,探讨他们应该如何应对。

按照这一过程,我找到了一些专家,他们可以给人们一种新框架,用来思考想要避免的未来。即使面对死亡,人们也并非无能为力。这一点是我从理查德·西尔那里学来的,他是一位生活在死亡边缘的未来学家。

"在从旧金山飞往圣安东尼奥的航班上,我突然发病了,"理查德有天吃晚饭时向我解释道,"他们不得不在得克萨斯州埃尔帕索紧急降落。我想这次我肯定要死了。我认为自己完蛋了。"

你可能对理查德知之甚少,但他可是最成功的未来学家。他在职业生涯中一直为跨国公司和政府提供咨询服务。他到过世界各地,去的地方甚至比我还多,如果你已经读到这里,就知道这个次数很多。你没听说过理查德的工作,因为大部分是严格保密的。他帮助这些大型组织规划未来——10年、20年甚至30年。

理查德在英国长大,是剑桥大学训练有素的经济学家。他的大部分职业生涯是在得克萨斯州度过的,尽管他是纯正的英国口音,但带有浓重的得州鼻音。他听起来不像我遇到过的任何人。

几年前,理查德开始被一种奇怪的疾病困扰。病情非常严重,他在急诊室里一度失去意识。我还记得他被确诊前的日子。情况非常可怕,因为你不知道他什么时候会发病。理查德经常旅行,所以他发病的时候经常在外面,甚至在其他国家。

最后医生们终于搞清楚。他患有一种少见的疾病——色素性荨麻疹,累及肝脏、脾脏、骨髓、胃肠道等。

"疾病随时会发作,"理查德告诉我,"所以我出行时总是带着多支肾上腺皮质激素和抗组胺剂。不然,我随时都有可能死掉。这听起来很疯狂,但这是真的。没有别的解释了。"

"在飞机上发生了什么事?"我问道。

"我知道出事了,因为当我要发病时,双手便开始肿胀,"他举起右手说,"我的结婚戒指绷得很紧,我立即用了大量的抗组胺剂。我没有声张,不想让任何人担心。"

"没有效果吗?"我问道。

"一点儿也没有,伙计,"理查德说,"我知道必须加大力度,于是我进入洗手间,打了第一针肾上腺皮质激素。回到座位上,我感觉不太妙。我打电话给空乘人员,告诉她发生了什么事,方便她通知机长。幸运的是,飞机上有一位医生了解这种疾病。"

"真是一场噩梦。"我说。

"是的,很糟糕,但我以前也发生过。"他说。

理查德非常平静地谈论这件事——疾病发作,紧急着陆,命悬一线。他的平静让我惊讶。他说话的时候听起来波澜不惊,只是有一点心烦。

"接下来发生了什么事?"我问道。

"我真的记不住太多了,"他讲完自己的故事后说,"医生又给我打了一针,大约就在这个时候,我失去了意识。等我醒来就在医院了。"

我们继续吃晚饭。这个故事让我感到震惊,等平静下来后,我意识到理查德是一位每天都与死亡相伴的未来学家。死亡的阴影一直笼罩着他。这对一个未来学家意味着什么,对一个人们花钱请他思考未来的人意味着什么?

"你是怎么处理的?"我问他,"作为未来学家,你是如何看待自己的未来的？"

"恐惧会令人疯狂，"他回答说，"这种对死亡的恐惧会改变一个人。它真的改变了我。它会让你做一些平常不会做的事。如果放任不管，你会变得非常悲观。"

"你是怎么做的？"我说着，向前探了探身体，"你已经忍受一段时间了，你对自己的未来并不悲观。"

"你要控制局面，"理查德平静地说，"要意识到即使在死亡的边缘，你仍然拥有控制权。"

"为什么这么说？"我问道。

"在飞机上，当我确信自己会死的时候，就在我失去知觉之前，我知道该怎么做了。我排除一切杂念，赶走了恐惧和慌乱。不过说实话，我还是感到恼怒。我只是很生气，伙计，"他笑着说，"即使必死无疑，我也要控制局面。我脑海里浮现出一个画面，浴室的镜子上有张照片，是我的孩子。我一直记得那张照片，那是我生命中最爱的东西。"

"这就是你控制局面的方法。"我说。

他指着脑袋说："你只需要记住那个画面，关注一样东西。即使在绝望之际，你也只能看到这个东西。"

我不知道该说什么。面对如此严峻的形势，朋友的强大力量让我感到震撼。

"谢谢你告诉我这些。"这是我唯一能说出的话。

理查德继续说:"别太悲观。你知道吗? 我其实不想好转,我不想结束这种生活。"

"什么意思?"我问道,没有听明白。

"因为疾病使我成为一个更好的人,"他回答说,"我真的变得更好了。我成为一个更好的丈夫和父亲,我也更接近自己的信仰,我不会改变它。"

这是一种伟大的启示。即使在死亡边缘,我们也有力量。我们可以专注于生活中最爱的事情。即使死亡会到来,也可以决定脑海中看到什么。

但这只是我关于死亡和黑暗未来的对话的开始。就在我和理查德谈话之后不久,我遇到一个学员,她透露了自己对死亡的思考。

凝视深渊的未来学家

茱莉亚·罗斯·韦斯特是一名成功的硅谷未来学家。她几年前是我的学员,所以我为她的成功感到非常自豪,当然也有一点偏爱。茱莉亚与研究团队一起设计未来产品,帮助公司为未来做好准备。很多人不知道的是,在茱莉亚决定成为未来学家之前,她是一名牛仔竞技的职业绕桶赛选手。

我们在旧金山的一家高档墨西哥餐厅见面。恰逢工作日结束,餐厅里一片嘈杂。我们找了个僻静的角落聊天。

"我是未来学家,但是我的工作不是做预测,"茱莉亚开始说,"我一直听你的课才认识到这一点。我的工作是帮助公司和人们为未来做准备。但是作为未来学家,有一件事我可以肯定,那就是人必然会走向死亡。"

"那你如何帮助人们做准备呢?"我问道,"你思考未来,并帮助人们为未来做准备,你会告诉他们什么呢?"

"首先我会非常关心未知的未来可能对个人、家人和所爱的人造成什么影响。这很可怕。但是,如果你仔细想想,问自己最坏的结果是什么,你会有一个正确的认识。"

"治疗师会采用类似的方法。"我赞同道。

"如果你面对一个让你感到压力大的难题,然后问最坏的结果是什么,答案通常是相似的——失业、离婚、无家可归,有时甚至是死亡,这个答案更加糟糕。"

"对很多人来说会出现这种结果。"我说道。

"那好吧,"茱莉亚搓着双手说,"死亡是需要考虑的事情。那我们就谈谈这个问题吧。如果你死了怎么办?你来到人世间,知道自己会死去。不管你愿不愿意承认,这都是事实。人必然会走向死亡,谁都无法逃避,只是时间和方式不同而已。"

"对大多数人来说,这是压垮一切的恐惧,"我说,"他们不知道如何应对。"

茱莉亚说:"当你极度恐惧时,有一种办法去应对。以恐飞为例。你怎么思考这件事呢？如果你面对一个可怕的未来，而死亡只是其中的一种可能性，那么问问自己两个问题：一是最坏的结果是什么，二是我能否控制它。"

"有道理。"我说。

"以飞行为例，你不是飞行员，无权控制飞机，但是可以控制自己在飞行途中的情绪。而且，如果事情果真发生了，你可以控制自己应对死亡的方式，我把这种情况看作有尊严的死亡。"我说道。"我不久前还在和另一位未来学家谈话，他也有类似的观点，"我提到了理查德，"他说他可以控制自己最后看到的东西。"

她肯定地说："这样你就能控制如何对待死亡。你要夺回控制权，不用担心其他的事情。此外，重要的是要意识到，你害怕离开人世，只是因为你经历了一些真正美好的事情。牢牢记住这些经历。你真是太幸运了。此刻的恐惧、对死亡的担心，无法与你生命中所有的经历相提并论。"

"这是重新看待恐惧的好方法，"我回答道，"你之所以感到恐惧或者对未来感到悲观，是因为对生活的肯定。想想曾经美好的生活，会把你从恐惧中拉回来。它会让你重获力量。"

"思考未来，承认所有的可能性，"茱莉亚说，"包括那些更大的恐惧。你对可能出现的意想不到的未来会有更强的承受力。相信我，你将不得不面对生命中的挑战，比如死亡和疾病。但在这个过程中，你将学会珍惜当下和现在的生活，而不是为小事殚精竭虑，这样即使面对未来的种种不测，也可以降低风险。放眼未来，你就能更充实地活在当下。"

令我震惊的是，两位未来学家最终提出了同样的建议。他们说得非常清楚。当你想到难以承受的黑暗未来时，第一步就是接受恐惧。探究可能发生的最糟糕的事情，然后找到自己的力量。问问自己能控制什么，认清自己无法控制的东西。就像茱莉亚说的，如果你不是飞行员，你就不能控制飞机。你认清自己能控制的东西，就有了专注力和要做的事情。

在极端情况下，譬如理查德的情况，你可以控制眼前的局面。就像茱莉亚说的，你可以带着尊严面对死亡。

所有黑暗的明天

我和威尔沿着海滩继续走着，这时我想起了跟理查德和茱莉亚的对话。于是，我说道："你感到害怕，这是好事。你能看清问题找我谈话，这也是好事。"

"我觉得不是这个样子。"威尔反驳道。

"对死亡的恐惧，对流行病和战争等灾难的恐惧非常棘手，"我回答说，"你之所以恐惧，部分原因是对阿曼达和孩子的爱和关心，认识到这一点很棒。这加剧了恐惧——你会担心失去他们。"

"当然，"威尔快速说，"我知道这个。"

"但我想问一下，你现在和他们联系吗？你有多少时间活在当下？不要让对未来的生存恐惧夺走自己的今天。你越是担心这些巨大的恐惧，就越应该珍惜今天所拥有的一切。这有助于减少恐惧，让它更容易被控制。"

"你是怎么知道这一切的？"威尔问道。

"在这个领域工作，我有很多朋友，我们对此都很认真，"我说，"我们讨论这些事情以及应对措施。面对这些恐惧，要更加珍惜光明的今天，而不是黑暗的明天。如果这些悲观的想法越来越糟糕，你就需要寻求专业人士的帮助。我没有资质帮助你解决心理问题。但是，我可以帮助你探讨未来。"

"明白了，"威尔点了点头说，"我很好。我觉得自己没有抑郁，我只是最近脑子里想的比平常多。"

有时候，人们因为强烈的生存恐惧感到焦虑，其实蚕食他们的并不是这种恐惧。正是由于这个原因，黑暗的未来才难以应对。这通常与个人的能力和经历有关。

在21世纪最初的几十年里，我们发现在中年白人男性中，像威尔这样患抑郁症或者毒瘾发作和自杀的人数有所上升。根据美国疾病控制与预防中心的数据，2017年预期寿命三年来第二次下降，这主要是由于阿片类药物服用过量和白人男性自杀人数激增。因此，从根本上认识恐惧并采取相应的行动就非常重要。

"你需要认识这种恐惧，"我继续说，"接下来问问自己，什么是可以控制的，什么是不能控制的。如果害怕飞行，要知道除非你是飞行员，否则你无法控制飞机。你必须接受这个事实，相信自己仍然可以控制好心态。孤军奋战，你无法阻止一场战争，也无法阻止世界分崩离析。"

"但是，"威尔刚开口，又停顿了一下。他停住了脚步。我们肩并肩站在海滩上，望着海水拍打岸边堆起的层层细浪。谈话很沉重，但海浪拍打岸边的声音让我们舒缓下来。"你怎么知道自己能控制什么？就拿重大事件来说吧，比如战争或者经济衰退，我知道自己完全不能控制它。但是，当我思考这些问题时，我该从哪里开始呢？"

专栏

利用威胁投射驱散常见恐惧

我认真对待自己的工作，尤其是当它与恐惧有关时。生活在恐惧中是不正常的，所以看到人们恐惧让我感到很痛苦。我对此非常严肃，但有时还是可以采取轻松一点的方法。这些年来，我研究出一种派对游戏，名为"恐惧啤酒"。我通常会在与老朋友聚会时，临时起意玩这个游戏，如果气氛合适，我也会和陌生人在欢乐的社交中一起玩这个游戏。

规则很简单：先由一个人说出自己最恐惧的是什么，然后，游戏主持人带领大家练习威胁投射，向他展示一种摆脱恐惧的方法。需要强调的是，我总是小心区分日常恐惧和需要临床治疗的深层恐惧。

这种游戏揭示了几十种恐惧，相对来说，有些恐惧让人出乎意料：对婚姻的恐惧，对做饭的恐惧，对眼神交流的恐惧……在"恐惧啤酒"中出现最多的可能是对公开演讲的恐惧。我渐渐认识到，我真是个怪人，因为我很喜欢在一大群人面前站起来即兴讲话，而且一讲就是几个小时。

据估计，语言恐惧症（害怕公开演讲的术语）影响了75%的成年人。当它出现在"恐惧啤酒"游戏中时，我会怎么说呢？答案因人而异，而我总是从同样的问题开始：你想成为什么样的公众演讲者？有些人想面对一大群人演讲，有些人只是想在晚宴上发表祝酒词。一旦确定了想要的未来，我就开始和大家比赛，找出那些可以提供帮助的人（通常是朋友和同事）、可利用的工具和资源（比如国际演讲协会等可以提供支持的团体），以及该领域的专家（包括他们欣赏的公共演讲者）。用不了几分钟，这个人就会感觉没有那么害怕演讲了。在一轮令人难忘的"恐惧啤酒"游戏中，我们的主角甚至站起来说了几句话。"我只是想说点什么，"他开口说道，环顾了一下房间，"谢谢。"仅此而已。这就很了不起。

"恐惧啤酒"还带来了其他好的结果。如果我在机场休息室或酒店大堂碰到你，提醒我给你讲讲那个害怕蛇的小伙子，他正在和一个动物园管理员约会呢。这是一个经典案例。要勇敢参与"恐惧啤酒"游戏。只要第一轮你掏钱买啤酒，我就永远乐意帮你去尝试。

驾驭噩梦的未来学家

阿莉莎·巴加特对复杂系统非常着迷，因此她致力于研究这些系统的工作原理，评估其中的问题，并使之更易于管理。她在卡内基梅隆大学读本科时主修人类学，去印度和斯里兰卡待了几年之后，又在乔治敦大学获得了外交服务硕士学位。她在政府的工作是研究分析师，参与构建场景模型，对激进主义、印度洋地区安全态势以及中东水资源等关键领域进行评估。在整个职业生涯中，她专门研究人类文化中迫在眉睫的问题，致力于创造积极的长期变化。

阿莉莎非常擅长解决复杂的问题。在面对严峻的生存问题时，人们如何找到自己的力量，如何控制形势，阿莉莎在这些方面有着惊人的洞察力。一天下午，我们电话聊天，当时我正在太平洋西北地区的图书馆，而她正在纽约市的办公室上班。

"我刚才在和一个年轻的学生讨论生存焦虑，"阿莉莎开始说，

"她告诉我,气候变化及其影响让她不知所措。"

"这肯定是个复杂的问题。"我说。

"这个学生不知道该怎么办。她应该停止吃肉吗?停止购买新衣服和过度消费吗?她害怕气候变化的影响,同时又为自己做得不够感到内疚。"

"在这些时刻,人就会感到恐惧。"我说。

"恐惧和内疚会让人上瘾,二者结合起来更是如此。人们担心灾难性的未来,但是也担心自己把日常生活搞得一团糟。"

"那你是怎么跟她讲的?"我急切地问道。

"首先,我告诉她仅凭一个人无法阻止气候变化,她需要明白这一点,"阿莉莎回答说,"然后,我告诉她要明白自己能控制什么,什么事情能办得到,并采取行动。如果她搞得一团糟,那也没关系。振作起来,继续努力。"

"但是能控制的话,你的学生自己怎么判断呢?"我问道。

"我们与周围人的联系,是我们所有力量的来源,"阿莉莎回答说,"所以你要了解周围人的信息。你可能认为自己无能为力,但是后退一步,看看这些人组成的系统,问问自己如何对这个系统产生影响。你可能会认为自己没有产生影响,那就看看自己在系统中所处的位置。谁是能够帮助你的人呢?"

"未来是由人创造的。"我插话道。

"没错,"她表示同意,"详细研究一下。每个人都生活在一个人与人相互联系的系统中。你可能与高层决策者没有联系,但是有地方代表,这些人与决策者有联系。"

"所以,这不仅仅与能帮助你的人有关,"我说,"也涉及这些人如何和其他人建立联系,尤其是在讨论重大问题的时候。"

"没错,"阿莉莎回答说,"这些联系能产生力量和影响。开始和你身边的人一起探讨,进而影响与他们有联系的人。我知道这听起来很复杂,而且都是棘手的大问题。但这是一种方式,你会看到自己正在对想要避免的未来施加影响。"

这一点强化了未来投射的一个更大的概念,即在处理看似重大的任务时(比如改变未来),要把过程分解成更小、更容易管理的环节,就像婴儿学习走路一样,要一点一点地来。做到这一点非常重要。

我以为谈话即将结束,但阿莉莎突然补充道:"我们还得谈谈噩梦。"

"当然,"我回答,"噩梦是怎么回事?"

"我们为什么会做噩梦呢?"她开始说,"对大脑而言,噩梦是一种压力测试。你做梦时大脑会想出最坏的情况,迫使你去解决。这些情况可能非常可怕,但是将噩梦视为一种训练和准备方式是很有帮助的。"

"让我们去勇敢面对可能的黑暗未来。"我补充道。

"我们从噩梦中获得力量,就像我们从恐惧中获得力量一样,"

她解释道,"当你做了一场噩梦,或者发现自己对未来生存感到担忧时,请退后一步认真研究。要知道,这是你的大脑正在为可能的未来做准备。"

"所以恐惧不会让你软弱,"我说,"其实,在面对自己担心的事情时,恐惧会让你变得更强大。"

然后,阿莉莎把话题转到一个她觉得非常有趣的过程——"瑞典式死亡清理"。当你到了一定的年龄,接近死亡时,你就会对自己的生活进行清理。这个过程既是比喻,也是字面意思。你开始和人们建立联系,告诉他们你对他们的真实感受,你也开始清理自己的物质财富,比如清理储藏室或者清空衣柜。你扔掉了那件85岁时绝对不会再穿的舞会礼服。

清理的主要目的是离世后不要成为家人和朋友的负担。但阿莉莎认为,除此之外,这种做法还是一种对过去的清理。它能让人们在生命临近结束时维持正常生活,获得一些安慰,而不是感到无力。

她对我说:"我的祖父母也是这么做的,只是不知道而已。他们经历过这一切,清理了自己的生活,这是应对临终生活的一种方式。与恐惧对话会让你变得更强大。"

"很吸引人,"我说,"而且我认为非常有效。"

"人们不喜欢让自己的思想停留在黑暗的未来,"阿莉莎总结道,"但是把黑暗的未来想清楚是件好事。不要为它所困,也不要逃避。利用黑暗未来的力量,采取切实的措施去克服它。"

在恐怖未来的阴影中寻找力量

"未来投射能帮你解决问题,"我告诉威尔,"既然对想要避免的未来有深刻认识,你就会明白如果放任它,最坏的情况就会发生。为了掌控势不可当的未来,你需要列出能够帮助你的人。"

"就像生活中的普通人?"他问道。

"从你能接触到的人开始,"我回答,"但这不仅仅涉及朋友、家人和同事。对于更遥远、更黑暗的未来,你需要研究自己能接触到谁,谁能产生影响。如果你对未来的担忧来自政策和立法,这可能意味着你需要联系市长或地方代表。"

"听起来很复杂。"威尔回答。

"是很复杂!"我说着,轻轻地推了他一下,我们开始沿着海滩朝房子走回去,"但这是一个复杂的问题。你担心的是这个问题对你来说太严重了,实在难以处理。我想这就是你最初找我的原因。"

"你说得对。"他表示赞同。

"我会这样处理,"我继续说,"碰到重大威胁,我会采用下面这种方法。这是一种系统的方法,首先要分解巨大的恐惧和黑暗的未来,这样就可以立即采取行动。面对极其复杂的问题,你不会瑟瑟发抖。相反,你会看清问题的本质,探讨与谁有关,然后开始采取行动。我想这时你会发现已经没有那么令人恐惧。"

我们默默地走了一会儿。海鸥在头上盘旋,希望从我们这里得到一点儿吃剩的东西,但是我们两手空空,一无所有。

"好,"威尔点了点头,"我想我知道可以去跟谁谈话,可以采取什么行动。至少我知道如何开始了。还有下一步吗?"

"有。你还需要研究以前处理过这种问题的专家。你可以向他们学习,这会让你对未来的设想更加详细。此外,你需要寻找工具和资源,譬如技术或政策,这将有助于你避免不想要的未来。互联网可以提供很大帮助,但也要向当地政府求助。"

"明白了。"威尔又点点头。

"最后,你可以逆推,思考采取什么行动,避免不想要的未来。"我说得很轻松,因为我知道威尔要处理的信息实在太多,而且这个主题可能真的让人精疲力尽。

"我敢肯定,只要我能有所进步,我就会感觉好些。"他表示同意。

"半途、1/2 半途、星期一,"我说,"哪些能表明你已经到达半途,然后看看如何到达 1/2 半途,最后看看你现在或者'星期一'可以做什么。塑造未来,就从此时此地开始。"

威尔停下来,转向大海。他低头看了看自己的牛仔靴,两只脚轻轻地踢着沙子。我等待着。我不知道他的脑子里在想什么,但我希望散步能帮助他减少一些恐惧。

"和你聊天就是我的'星期一',"他最后说,"明白自己真正害怕的是什么,设法应对自己无力改变的事情。这已经给人一种进步的感觉。"他给人的感觉仍然是平淡而务实。

"太好了。"我说，很高兴自己帮了忙。

"是啊，"威尔说着，又开始往前走，"阿曼达会很高兴的。一直觉得你很聪明，这次应该能搞定。"

那天下午晚些时候，当威尔离开后，我感觉不错，因为他从我这里明白了如何开始行动。就像我常说的，过程就是过程。所以，开启旅程就是一种进步。但是，随着时间的推移，我坚持认为对于那些未来被生存恐惧笼罩的人，我们应该给他们更多建议。处于恐惧状态的你要怎样一步步推进呢？我没有更好的答案，但我知道有人会有。

从黑暗之地归来的未来学家

"我写了一本新书，"在俄勒冈州波特兰市的一场会议上，道格拉斯·洛西科夫突然跑到我身边说，"书名叫《当下的冲击》。这是对未来学家和你所做的一切的控诉。"为了取得戏剧性的效果，他停顿了一下，带着一种狡黠的神情看着我。"瞧，我给你带来了一个先读本，我想知道你的想法。"

"太棒了，"我回答道，给了他一个大大的拥抱，"我真想一睹为快！你好吗，道格？"

"我很好。"他说。接下来，我们一直聊到天黑。（那周晚些时候,我读了他的书,非常喜欢,但那是另一回事。)

我认识道格有一段时间了。他是作家和纪录片制作人,麻省理工学院将他评为世界十大最有影响力的知识分子之一。但是在我眼中,道格积极推动的都是伟大而崇高的事业。他关心人类,所以我们相处得不错。

2018年,道格受邀为一群金融经纪人做演讲。他们给了他无法拒绝的高额演讲费。他在《富有者的生存之道:富人正密谋把我们抛在身后》中讲述了整个过程。道格写道:"去年,我应邀到一个超级豪华的私人度假胜地,向大约100位投资银行家发表主题演讲。这是迄今为止我收到的最高的演讲费用——大约是我当教授时年薪的一半。演讲主题是'技术的未来'。"

但是他们不想谈论科技,有钱有势的人想谈论世界末日:"最后,一家经纪公司的首席执行官解释说,他家的地下掩体已经快建成了,他问道,'在事件发生后,我如何维持对安保部队的权威?'""事件"是他们对环境崩溃、社会动荡、核爆炸、肆虐的病毒或者破坏一切的机器人黑客的委婉说法。

"这个问题占用了我们将近一个小时的时间……尽管他们拥有财富和权力,但他们不相信自己能影响未来。"[①]

当我想到威尔这一类人经历的黑暗未来时,道格是我第一个

[①] Douglas Rushkoff, "Survival of the Richest," *Medium*, July 5, 2018, https://onezero.medium.com/survival-of-the-richest-9ef6cddd0cc1.

想要交谈的人。一天早上，我给他打电话。他当时正离开郊区的家，去赶前往纽约市的通勤火车。

"我正在指导一个朋友的儿子。"道格在走出家门和家人道别时低声说道。

"你也会接到这种电话吗？"我尖叫道。

"哦，一直都会，我很乐意接。"他笑了。道格和我有很多共同点。我们都相信人类的力量。在我们思考和构建未来时，始终以人为中心是很重要的。

"我是一个见证过黑暗的未来学家，我想跟你谈谈。"我说道。我提到他给那些拥有1%财富的金融经纪人演讲的经历和他写的那篇文章。

"你遇到了世界上所有的富人，但他们仍然谈论绝望的未来和束手无策的恐惧。你探讨过这个问题。所以我的问题是，作为未来学家，你会给人们什么建议？"

"首先，我不认为自己是未来学家，"道格迅速回答，"我更像一个现在主义者。"

"现在主义者？"我有些迷惑，这听起来像是一种逃避。

"是的，现在主义者，"他继续说，"我认为人们利用未来主义或者任何对未来的思考去逃避今天的问题。我们讨论未来如何美好，这样就不需要认清现在是多么糟糕。（他没有说'糟糕'一词，道格善于使用委婉语。）例如，我们可以坐在一起讨论太阳能和风能如何拯救地球，这是因为人们不希望燃烧的石油和煤炭污染（他没有说出'污染'一词）环境。我相信那些缺乏安全感的人。我担心未来主义是为了逃避现在而不去采取行动的借口。"

我明白道格的意思，人们确实是在利用对未来的希望逃避对现在的关注。不过，我并不认为这意味着我们不应该或者不能规划更加美好的未来。

"你说得对，也不对。"我说道。我既表示同意，也表示不同意。

"但是，如果不逃避，如果真的在规划未来，那么你就是未来学家。你相信这个，对吧？为所有人设计一个更美好的未来？"

"相信，"道格笑出了声，"但我必须表明自己的观点。"

"好，"我对他表示赞成，"但是，你在职业生涯的大部分时间都在努力让科技的未来更人性化，你会对人们说些什么呢？面对恐怖的黑暗未来，你能给他们希望吗？"

"当然可以，"道格轻声回答，"顺便说一下，我现在要上火车了，所以我应该小声一点。这可不是一场火车对话。"

"我还能听到你的声音。"我催促他继续说下去。

"好吧，首先我要说，寻找能发挥自己能力的地方，"他开始说，"可以在工作中找到用武之地，然后一步步采取行动。"

"这怎么说？"我问。

"很简单，"他继续说，"但这非常重要。譬如在工作中或者消费时，在购买服务或产品时，你能把想法减少10%吗？这也许意味着减少了10%的强迫劳动，或者减少了10%的碳足迹。见鬼，就多使用10%的当地服务或者产品吧。你不需要一下子改变整个世界，但你可以改变10%。这是个开始，对吧？"

"听起来可行。"我表示同意。

"必须分解小目标，"他继续说，"10%是可以完成的，但你必须坚持下去。这些生存威胁非常大，这是最大的麻烦。它们会造成恶性循环，让所有的事情糟糕透顶，导致问题更加严重，让你觉得无能为力。"

"这的确让人难以招架。"我说道。

"但是对我来说，"道格快速回答道，"越严重越好。"

"这是什么意思？"我没有听明白，但我很想知道他在说什么。

道格解释说："威胁越大，恶性循环就越危险，你就越有可能削弱它。还有更多的10%可以去争取。问题越大，我就越兴奋，是因为我们有更广阔的空间开始采取行动，夺回控制权。"

"那些连这一点都做不到的人怎么办呢？"我问道。我想到自己遇到的那些人，他们收入有限，甚至无法做出10%的改变。他们需要钱购买药物或缴纳房租。

就在这时，电话断了。我猜测道格在前往纽约的路上进入了隧道，我听不到他的答复。但是一分钟后，我的电话又响了。

"嘿，是我，"道格说，"对那些没有任何能力的人，我该说些什么呢？或者说，对那些觉得自己没有能力的人？这是你要问的问题吧?"

"是!"我回答道。

"首先,我同意穷人不关心未来。他们太担心现在了,他们不奢望思考未来。他们只想花6美元在旅馆过一夜。"

"没错,"我同意道,"所以,如果你不知道去哪里弄到6美元过夜或者300美元交房租,我们如何让这些人拥有改变的能力?要应对这些巨大的威胁,我们该对他们说些什么?"

"首先,我会问他们,你们现在站着吗?"道格回答道。

"什么?"

"你们现在站着吗?"道格重复说,"如果没有,站起来,双脚站立,与肩同宽。如果身体没有基本的安全感,就不能够清晰地思考。你要从这一刻的状态开始。认清眼前的现实,确立具体目标,明确自己可以控制的东西。就这么简单。"

"我明白了。"我说。

"即使一无所有,你仍然可以确定自己身心健康,确定自己站在这里,"道格解释道,"就从这里开始吧。然后再确定你能控制的迫在眉睫的事情。"

"比如?"

"花6美元找个旅馆过夜,"他回答说,"这就是你此刻的未来。集中精力去办好这件事。解决了这个问题,再去做下一件急需完成而且你有能力完成的事情。要避免受到干扰迷失自我,不要让——"

电话突然断了。我盯着屏幕,期待着回电。电话又打回来了。

道格喊道:"我不能再在火车上大声说话了。但是还有一件事……"

"什么事?"我问道。

"当我们思考生存威胁时,我还有最后一个建议。如果你发现自己陷入了焦虑和绝望的深渊,有一件事情你可以做。"他停顿了一下。

"那是什么?"我急切地问道。

"去孩子学校的家长教师协会做志愿者,"他大笑着说道,"我是认真的。如果面对巨大的恐惧,你因为失控感到焦虑,那么去了解一下自己的社区吧。对付这种恐惧最好的方法就是行动。采取行动,做志愿者。如果你没有孩子,就去当地图书馆做志愿者。"

"因为未来始于足下。"我赞同说。

"是!"道格喊道,"如果你真的担心世界末日,你首先应该做的事情是出去见见你的邻居。他们才是真正重要的人,也是真正会帮助你的人。"

"我同意。"我说。

"我得走了,BDJ,"道格最后说,"我们下次再谈吧。"电话挂断了,这次是真的挂了。我又想起道格那篇与超级富豪讨论黑暗未来的文章,里面有我最喜欢的一句话:"人活着,不是为了个人的生存或逃离。这是一项团体运动。无论未来如何,人类都将在一起。"[1]

在"世界的尽头"送曲奇

在北海岸,我和妻子采纳了道格的建议。每年夏天和冬天,我们都会烤很多曲奇饼干,把它们包起来送给邻居。我们散步到附近,敲开邻居的门和他们聊天,再送上我们亲自烘焙的甜点。

这可能听起来很老套,但相信我,这很有效果。人们欢迎自己的新邻居。人们喜欢曲奇饼干!(你甚至可以发现他们对哪种食材过敏。如果你能给他们一些特别的食物,那就再好不过了。)我知道这微不足道,但确实有用。这些年来,我们真正了解了自己的邻居。我们知道哪些人喜欢聊天,哪些人喜欢谈论当地小镇的趣闻。我们知道谁是内向的人,谁不怎么爱说话,但是在隆冬时节,如果你的车抛锚了,他们会带着千斤顶和跨接电缆去帮助你。

正如我在本章开头提到的,恐惧就在我们身边,如果放任不管,它可以控制你的生活。但这种恐惧的解药也无处不在,只不过是以其他的形式而已。关于这一点,我再引用卡尔·萨根的一句话:"宇宙的浩瀚,对于我们这种渺小的生物来说,只有用爱才能

---

[1] Rushkoff, "Survival of the Richest," https://onezero.medium.com/survival-of-the-richest-9ef6cddd0cc1.

承受。"[1]

接下来：完成闭环

当你开始阅读本书时，未来是你盲目奔赴的黑暗虚空。读到这一章，希望未来已经初步形成，或者至少已经成为你可以掌控的实体。第 8 章将向你展示如何进行整合，开始塑造未来的你。说实话，你在整本书里都在这么做，只是没有意识到。现在正是时候。让我们开始吧！

---

[1] Carl Sagan, *Contact*（New York: Pocket Books, 1997），430.

08

向着未来前进

"我发现，为未来做准备，最好的方法就是不要做任何计划。"马库斯·哈默兰德上校直截了当地说。

"为什么这么说呢？"我问道。

我们正在位于纽约的美国西点军校的操场上散步。那一年，我应邀担任城堡讲座的演讲人。我将向所有新生发表演讲，讲述如何为未来做准备，以及在未来 10 年服役的意义。在接下来的几天里，我将参加会议、参观校园、与学员进行圆桌讨论以及出席晚宴。这是至高无上的荣誉。在一次短暂的休息期间，东道主哈默兰德问我想不想去操场散步。

"BDJ，你看……"哈默兰德眺望着哈得孙河，自顾自地说道，他的声音越来越小。

"我在想，你到底会对学员们说些什么呢——当然，你会讲未来。但是我个人认为，对未来做计划毫无意义。"

哈默兰德的整个职业生涯都是在军队度过的。在成为西点军校战略研究员和教授之前，他是一名坦克手，这是一种对装甲兵的昵称，他们平常主要是开坦克。

既然知道这个事实，我们就好理解上校的两个特点了。第一个特点，你可以把他想象成"消火栓"——身材魁梧，看起来结实、强壮。不过我觉得叫他消火栓完全不符合他的体格。他看起来像苗条版的消火栓，仿佛是为狭窄的坦克入口量身打造的。

第二个特点是他的声音。不管哈默兰德说什么，听起来都像是在直接下达命令。我和很多坦克手接触过，知道这是一种普遍的特征，是他们多年以来待在狭窄的"金属盒子"里发射炮弹导致听力损失的结果。用"非常响"都不足以形容发射炮弹时震耳欲聋的声音。

"是，长官，"我接过他的话说，"预见未来和计划未来是有区别的。"

"别叫我长官，BDJ，"他笑了笑说，"你不是军人。我叫马库斯。"

"是，长官，"我回答说，"艾森豪威尔将军有一句关于计划和规划的名言。"

"计划无关紧要，规划才是一切。"哈默兰德给出了答案。

"正是这一句。"我说。

这句话是艾森豪威尔在1957年的一次演讲中说的："我讲这个故事，是为了证明很久以前我在军队里听到的一句话是正确的，

'计划无关紧要，规划才是一切'。这里有很大的区别，因为当你为紧急情况做准备时，必须先明白一点——'紧急情况'的含义就是它是出乎意料的，它不会按照计划如期发生。"[1]

"这些年轻的士兵（不论男女）需要明白，未来是复杂的，"哈默兰德继续说，"他们不能一味地认为只会发生一件事，当发生另一件事时，结果会让他们措手不及。我说的有道理吗？"

"我知道你想说什么，"我回答，"但我认为你可以换个角度看。至少作为未来学家，我有不同的看法。"

"你怎么看？"他问道。

"你必须对未来有远见，"我解释道，"我们知道，伟大之所以会发生，无一不是想象的结果。这对军队和平民来说都一样。预见未来是实现目标的关键。"

"我在听。"哈默兰德点点头。

"如果你能看清自己的未来，你就能制订一个实现目标的计划。对人和公司，我都是这样提建议的。"

"没错，不过我还是不同意计划。"上校打断我的话说道。

---

[1] Federal Register Division, National Archives and Records Service, and General Services Administration, *Public Papers of the Presidents of the United States: Dwight D. Eisenhower,* "Remarks at the National Defense Executive Reserve Conference, November 14, 1957"（Washington, DC: US Government Printing Office, 1958）, 818, https://babel.hathitrust.org/cgi/pt?id=miua.4728417.1957.001&view=1up&seq=858.

"我明白,"我继续说道,"但是计划很重要,因为要实现计划,你必须先进行规划。规划就是展望未来,弄清楚实现未来需要采取什么行动。计划可能会改变——"

"计划一定会改变!"哈默兰德不容置疑地说道。

"是的,计划会改变,因为我们的生活会改变。人是不断发展变化的,这是好事,这意味着处于一种不断重新审视的状态。你需要不断规划。如果你一直在展望未来并进行规划,一切都会顺利的。"

哈默兰德点点头说:"因为事情真的发生变化时,你已经做好了准备。"

"不仅限于此,"我说道,"即便情况发生变化,也不是什么大问题。因为你已经在调整和规划中不断发展,一切都还是在正常的轨道。"

到了下午,太阳躲在云层后面,气温突然下降。漫步西点军校令人心生敬畏,在这里,你会思绪纷飞。如果你是历史爱好者,这种感受会更加强烈。当我和哈默兰德在操场上的小路漫步时,我知道我们可能是在追随艾森豪威尔的足迹。乔治·华盛顿曾经就从这条路上走过。想到这里,我不禁有些沉醉。

"你在西海岸的时候,不是讲过一句豪言壮语吗?"哈默兰德说,"这是一段旅程,不是终点。"他在刁难我,但语气已经缓和了下来。

"原话不是我说的，长官，"我说道，"但是，我相信这句话。"

"我告诉过你不要叫我长官，BDJ，叫我马库斯。"

我笑着说："是，长官。"

"走吧，"他说，"我们回去吧。我得在一个小时内送你去吃大餐。"

回到起点

在本书接近尾声时，我想起了与上校的那次谈话，因为它抓住了未来投射最终也是最重要的一点：这个过程不是一种策略，而是一种生活方式。大多数人、公司或组织都是带着想要解决的问题（比如职业转换、举债创业、为全球化做准备）来找我的。我的首要任务是通过未来投射帮助他们。但我认为，直到我说服他们开始投射下一个挑战之前，工作才算完成。还记得电影《拜金一族》中亚历克·鲍德温在 ABC 课程中训斥被末位淘汰的销售团队的那一幕吗？ABC 就是"永远要成交"的意思。对我来说，这更像是"ABF"——永远要未来投射。这确实是一种生活方式。

对很多人来说，未来就像一个盲点，他们看不到也无法改变。未来投射是一种一劳永逸消除盲点的方法。这个过程作用强大，因为通过它，你可以采取必要的步骤重塑明天。在这一行干了 25 年之后，我知道一旦人们看到这个过程的清晰步骤，开始行动起来会是多么兴奋。但是，当他们看到这个过程可以一次次付诸实践，真正的突破就来了。这就仿佛破解了生命中的伟大秘密。

通过阅读本书，你正在与某种宏大的目标建立联系，同时也可以后退一步，看看在浩瀚的宇宙中事情会如何发展。然而，最终还是要回归日常生活。现在，这种联系更强烈了，因为你现在知道星期一、星期二、星期三需要做什么，可以真正完成自己想完成的事情。

我希望你不要觉得未来遥不可及。它不再远大和可怕，也不再是黑暗的未知深渊。你不仅觉得自己可以创造想要的未来，而且只要遵循这个过程，就可以创造未来。未来不是一成不变的。每天，像你我一样的人都在创造未来。

为了让大家明白这一点，我回访了书中介绍的一些人，看看他们是如何做的，也看看他们会给那些刚刚开始未来投射之旅的人哪些建议。

为什么未来投射就像烹饪一样

我很幸运地找到了苏珊，她是第3章提到的芝加哥一家科技企业的营销主管，她利用未来投射的方法重塑了自己的职业生涯。她帮助女性领导的初创企业寻找发展之路，取得了很多成就，这条新的人生之路让她感到快乐。现在，我想问问她的近况如何，是否找到了将未来投射运用到生活中的方法。

碰巧苏珊要去西海岸，所以她主动提出要来拜访我。我们走出房间，去海边漫步。那是傍晚时分，海滩明亮平坦，橘红色的阳光照在海面上，海面波光粼粼。海浪拍打着沙滩，堆积出细细的泡沫带。海鸥掠过天空，懒洋洋地滑过开阔的海面。

"既然已经亲身经历了这个过程，你怎么看？"我问苏珊，"你对未来的愿景改变了吗？"

"你知道，BDJ，"她开始说，"当我谈论这个过程时，我告诉人们，未来投射就像烹饪一样。"

"烹饪？"我惊讶地说，"有趣，你从来没告诉过我。"

"是的，"她接着说，听起来很高兴，"我花了很多年才明白，烹饪并不是为某道菜找到最好的食谱。要烹饪，就要学习技术、开发技术、熟悉工具、掌握如何调出不同的口味。重要的是，找到自己最喜欢什么口味。"

"继续。"我说道，很想知道她接下来会怎么说。

"然后，当你知道自己喜欢烹饪时，你可以和其他找到自己口味的厨师多多交流。与他人分享自己对美食的看法绝对是一件乐事，没有谁的食谱是最好的，烹饪也没有'正确的方法'。烹饪的乐趣在于独自在厨房里探索和学习，然后与更高水平的厨师分享。"

"让我确认一下，我是否听懂了你的话，"我说，"看到未来的自己，像未来学家一样思考，就是像厨师或面包师一样思考吗？"

"不是面包师，而是厨师，"她说，"烘焙的关键在于精准，烹饪留有即兴发挥的空间。你在做一道菜时，必须先想象它，就像未来学家一样。"

"有道理。"我说，我开始有些明白了。

"还没结束呢，"苏珊兴奋地说，"BDJ，你要帮助人们的是给他们工具和技术，但是你不能代替他们做饭。每个厨师都需要自己做晚餐，每个人都需要想象并创造自己的未来。"

"我完全同意。"我说道。

"你给人们工具和技术，有时甚至是食谱，"她说，"但是必须让他们在自己的厨房里做饭。"

"我认为你说得太对了，"我说道，"这种描述方式非常棒。"

"就像厨师通过与他人分享获得乐趣一样，"她继续说道，"没有一个人的未来是正确的，或者说比另一个人的未来更好。你的未来属于你自己。但是，分享如何实现未来也是一种乐趣。"

"我认为你可以更进一步。"我补充道。

"什么意思？"苏珊问。

"很多厨师好为人师，"我说，"他们特别喜欢教身边的人做事。"我停下来思考了一下，然后说："既然你已经学会了这个过程，你就可以和其他人分享，你也可以帮助他们做同样的事情。"

"这太棒了，我喜欢。"苏珊笑着说，在海滩上给了我一个大大的拥抱。

技术检查

我和苏珊在海边聊了几次以后,一个工作日的下午,我的手机突然响起来。我在洛杉矶国际机场候机室等候登机,中途转机前往澳大利亚,我将在那里工作几周,为政府机构和军事武装进行威胁投射。离登机还有一段时间,所以我很乐意找点事干。

"嘿,BDJ,"短信写道,"我是你最喜欢的'意大利面酱'。有时间聊聊吗?"

阿尔弗雷多!我们上次开车去丹佛已经一年多了,后来偶尔互相发短信,我很想知道他最新的情况。

"请多加奶酪。"我回了短信。过了一会儿,阿尔弗雷多打来电话。在闲聊了一会儿之后,我问他未来投射进展如何。

"好。这正是我想谈的,"他兴奋地说,"事情有了重大变化,我们没有等医生和医务人员告知新一代动态血糖仪和胰岛素泵,就完全掌握了情况。"

"这真的太令人振奋了。"我说。

"的确如此,"他回答,"还有各种临床试验,包括一些令人兴奋的胰岛移植研究。这是最有希望的治愈方法,需要年满18岁才能参加试验,我的孩子们还太小,但是值得期待。"

"你觉得他们离治愈越来越近了吗?"我问道。

"这事很有趣,"他说,"我上次参加会议,有位听众问过这个问题。果然,答案和我从孩子们第一次被确诊时听到的一样——'要等 5 年后'。出于某种原因，它并没有让人感到绝望。"

"我认为这是因为你现在是未来的积极参与者，而不是被动的旁观者，"我说，"你不再让医生和生物技术公司控制和决定你的未来。"

"是的，这真的改变了我对未来的看法，"他说道，"我已经接触了胰岛素依赖型糖尿病患者家属的社群，他们找到一种方法，将胰岛素泵和动态血糖仪这两个设备结合起来，制造出'人工胰腺'。制造商们也在努力，但进展缓慢。我现在加入的这个社群正在切实推动这项创新。"

"太酷了，"我说，"你的孩子们怎么想？"

"你这么问真有意思，"阿尔弗雷多说，"西奥全心投入。如果可能的话，他明天就开始通过仪器进行'循环'，这是他们所说的过程，但杰森对此表示怀疑。其实，杰森最近不再使用胰岛素泵和动态血糖仪，而是采用传统的扎手指抽血和胰岛素笔注射。"

阿尔弗雷多显然被两个儿子对科技的不同反应搞糊涂了，但我觉得完全有道理。它强化了一个核心事实：技术只是一种工具。它不能决定未来，决定未来的是人。这个道理永远都不会改变。

"你知道吗，阿尔弗雷多，"我说，"你在帮助孩子们控制糖尿病方面做得很好。但更重要的是，你向他们展示了如何采用适合自己的技术，参与构建未来，自己对自己负责。这个经验将会使他们一生受益。"

"我知道你会这么说。"阿尔弗雷多说。我能感觉到电话那头的他在微笑。我还能看出未来投射已经成为他和家人的生活方式,帮助他们应对每一种新的挑战。

"嘿,我要赶飞机了,"我说,"有什么进展随时通知我吧。"

"把你的号码设置为快速拨号了。"阿尔弗雷多说。

我们挂了电话,登机口的工作人员通知飞往悉尼的航班开始登机。

我们从这里开始……
闪问 7

你感觉怎么样?准备好出发了吗?有没有带记事本或电子设备?开始列清单了吗?

书中这些人的故事是你的工具箱,"你的食谱"。你已经准备好想象未来所需要的一切。你会找到推动你走向未来的人、工具和专家,并将拥有清晰的思路来规划实现未来的步骤。

我们开始吧。

▶ **问题 1:开始要做什么?**

我不能告诉你你的未来是什么。现在你有能力去想象和实现自己的未来。还缺什么呢?是什么阻碍了你?反思一下未来投射中最难的部分：克服你对迈出第一步的恐惧。

追问：

- 你在哪里可以找到自己需要的东西？
- 是什么阻碍了你？

▶ 问题2：应该和谁谈谈？

你要构建自己的未来，人们会帮助你、支持你、引导你。当你研究未来的力量时，写下那些能把你推向自己想要的未来的人、工具和专家，这是一个让你出乎意料的过程。回头看看闪问1（第2章）和闪问3（第4章），它们可以帮你找到起点。

追问：

- 你在哪里可以找到那个人？
- 你希望他回答的问题是什么？
- 这个人能告诉你从哪一件事开始吗？

▶ 问题3：你知道自己已经开始了吗？

你可以这样做，是因为你以前就做过。这就是我们在书中一直在做的。通过阅读本书，你已经开始迈向自己想要的未来。

每个练习都让你对未来的自己有了更多了解。每个故事都为你提供了其他人尝试和应用这个过程的例子。事实上，闪问2是书中所有练习中最简单的一个，它包含了过程中的每一个步骤。做完整的7

个闪问练习，再重复一遍，深入想象未来的你，然后你就有了自己的起点。

你已经做好了准备。

准备起飞

我讨厌错过航班。

在多年的空中旅行中，我用一只手就能数出自己错过多少次航班。我每次都抱怨地面交通——迟到的汽车，拥挤的道路，以及在你最需要的时候出租车没有出现——种种混乱情况总会让你生气。

有一次在纽约，我想从市中心一个机器人博览会现场前往肯尼迪国际机场。联合国正在召开会议，最重要的是，奥巴马将在当天发表讲话。我的车晚点了，车辆停止不动，最后耽误了整整一个小时才到机场。我想告诉别人是奥巴马让我错过了航班，但其实不是他，而是地面交通。每当我知道需要乘车疾驰才能赶上飞机时，我总是一边盯着时间，一边盯着汽车和交通状况。

"谁想知道如何改变未来？"我在舞台上喊道。

听众席喧闹起来。有些人笑了，有些人鼓掌，许多人大声喊叫，有些人则举起了手——太有礼貌了！我当时正在结束一场演讲，有3分钟的时间进行总结。我没有准备提问名额，因为没有时间了。这种情况让我很郁闷，但是我得去机场。我要赶飞机，时间所剩不多。飞机可以带我回家，我真的很想回家，我离开家将近两周了。

"我可以告诉你。"我大声喊道，像往常一样踱步，受到听众的激励，我满腔热情，甚至在演讲结束时也是如此。"但你必须明白，你不能忘记我要告诉你的事。所以我想在这里确定一下……谁想知道如何改变未来？"

一阵更大的喧闹传来。在 7 000 人面前演讲是一件有趣的事，你看不到个体。有太多的面孔，舞台灯光让每个人变得模糊。晚上的人群就像一个巨大的波浪池。你知道水上公园的人工波浪池吗？就是那样，在他们关闭设施之后，水会飞溅，不是朝着一个方向，而是朝着四面八方。人群的移动就是朝着四面八方，有时是翻滚的大波浪，有时是偷偷溜到后门去上厕所或者接电话的小波浪。

只剩下两分钟了。

"好吧，"我说着，走到舞台边缘，"改变未来的方法就是改变你讲述的未来的故事。"

听众席安静了一些。

"如果你能改变关于自己未来的故事，你就会做出不同的决定。我在大公司和个人身上都见过这种事情。听起来不足为奇，但是却很有力量。"

我停了下来，哪怕时间只剩下 1 分钟。

"这是我给大家的挑战，"我说，"你想要的未来是什么？你能看到未来的自己吗？一旦你能看到，就去跟你的家人、朋友和任何愿意听的人分享。通过这个简单的做法，你不仅能看到自己的未来，还能改变它，让它变得更加美好。谢谢大家！"

听众鼓掌，音乐响起，灯光也亮了，我走下舞台。我的联络人罗恩正拿着我的手提箱和外套等我。

"真准时。"罗恩说着，把外套递给了我。

舞台监督对我竖起了大拇指，我挥了挥手告别。

"这边走。"罗恩说着，领着我穿过黑暗的后台。那里有电线、电灯和电器设备。我知道要低着头，注意走路的方向。"车就在外面，交通也不太糟。时间会很紧，但你可以赶上。"

"我真的很感谢你的帮助，"我回答说，"告诉大家，很抱歉不能回答问题。行程安排得太紧了。"

"别担心，BDJ。"罗恩说着，推开舞台的门，那里有一条通往礼堂后门的走廊。我仍然能听到聊天的声音和音乐的节奏，几个舞台工作人员开始拆除布景。

罗恩突然停了下来，我撞到他的背上。"上车前需要上厕所吗？"他问道。

要去，但我得快点。

这个后台卫生间太大了，有 20 多个小便池，但因为是在后台，所以根本没人。我朝其中一个走去，环顾四周笑了笑。我记得有一次演讲结束后，人们在厕所里拦住我问问题。幸好这次没有人，我还要赶飞机，交通也会越来越拥挤。

"就在那里。"罗恩指着一条长长的走廊尽头的出口说。他把我的滚轴包递给我,看了看手机。"对,司机就在路边,你可以出发了。我要回去了,"他伸出手,"和你聊天很开心,BDJ。"

"谢谢,罗恩,"我回答,"祝你和女友比赛玩得开心。"

"一定会的。"他说着,走回了舞台。

我转身朝出口走去。

我的大脑开始飞速计算。飞机在 6 点 45 分起飞,这意味着我最迟得在 6 点 15 分登机。以往我至少提前一个小时到达机场,但我知道今天做不到了。如果交通不太拥挤,没有发生交通事故或者没有碰上在任的美国总统,或许我还能赶得上飞机。

车最好停在路边,我的直觉告诉我。我伸手去拉车门。

"BDJ,"我听到有人叫我,"对不起,BDJ!"

我转过身来。那个声音听起来很年轻。在我身后,不知从哪里冒出来一个小女孩,她可能没有超过 10 岁或 12 岁。一看到她,我就愣住了。她是迷路了,还是独自一人?都不是。我看到她的父母在她身后骄傲且兴奋地看着她。

"打扰一下,BDJ。"她说着朝我走来,一只手里紧紧攥着一本书和一支笔。这是一本我的书。

"有事吗?"我问道,"我能为你做些什么?我要赶——"

"我叫弗朗西斯,"她说,虽然有点紧张,但是很坚定,"我读了你的书,非常喜欢,你能不能帮我签个名?"她递上书和笔。

汽车就停在路边。

"当然，"我接过书，迅速地签了名，"是弗朗西斯，对吗？"

"对，"她点了点头，"但是大家都叫我弗兰妮。"

弗兰妮的父母走过来，站在女儿身后向我说了声"谢谢"。

"希望你喜欢这本书。"我把书还给了她，心里很感动，因为这本书不是为她这个年龄的儿童写的。"听着……"我又开始说。

汽车就停在路边，交通越来越糟糕。

"我能问你一个问题吗？"她快速地问，多了一点信心，"我有一个关于未来的问题，或许你可以帮助我。我只有11岁，但我认为这很重要，我妈妈说，也许未来学家会知道答案，而你就是未来学家。"

我无法转身离开。

我快要错过航班了。

"好吧，弗兰妮。"我放下行囊，总会有晚一点的航班。

"怎么帮你？"我问道。

"好吧，未来学家，"她开始说，一只手叉着腰，脑袋歪向一边，"关于未来，我真正想知道的是……"

致　谢

谢谢你，丹·迪克雷科，感谢你在这段旅程中的合作。正如我们第一次在纽约罗克西酒店见面喝咖啡时你所说的，你的洞察力帮我确定了适合本书的结构和基调，而且带来极其重要的魔力。希望我们能继续发短信、发电子邮件、视频聊天，偶尔喝杯马提尼，或者约到洋基球场。你是一个未来学家希望拥有的最好的投手教练！

如果没有莱奥波尔·古，这本书就不会诞生。他告诉我："你应该写一本励志书。"我说他疯了。事实证明，我们两个都没说错。如果没有他的鼓励和支持，这本书就不会出现在你们手中。

谢谢所有人，你们知道自己是谁：提出问题的人；跟我谈话的人；寻求帮助的人；指出我错误的人；认为我发疯的人；分享自己的故事、希望和恐惧的人；把我当作知己的人；在公共场合问我私人问题的人……

我的研究小组是这个项目的重要组成部分，它们包括亚利桑那州立大学科学与想象力中心、社会创新未来学院、全球安全倡议中心、应用研究实验室和威胁投射实验室。

　　感谢我的团队：肯·赫兹、泰里·赫兹、乔恩·波尔克、丽莎·加拉格尔、辛迪·库恩、吉迪恩·威尔（"伟大的神杖"）、山姆·塔图姆和劳拉·凯迪。一如既往谢谢我的爸爸妈妈。没有你们，一切都不可能实现。